Norton González

Questões de Raciocíno Lógico, Quantitativo e Analítico

560 Questões de Provas com Gabaritos

Questões de Raciocínio Lógico, Quantitativo e Analítico

Copyright© Editora Ciência Moderna Ltda., 2009
Todos os direitos para a língua portuguesa reservados pela EDITORA CIÊNCIA MODERNA LTDA.
De acordo com a Lei 9.610 de 19/2/1998, nenhuma parte deste livro poderá ser reproduzida, transmitida e gravada, por qualquer meio eletrônico, mecânico, por fotocópia e outros, sem a prévia autorização, por escrito, da Editora.

Editor: Paulo André P. Marques
Produção Editorial: Camila Cabete Machado
Copidesque: Cintia Leitão
Capa: Cristina Satchko Hodge
Diagramação: Janaína Salgueiro
Assistente Editorial: Patricia da Silva Fernandes
Revisão de Provas: Aline Vieira Marques

Várias **Marcas Registradas** aparecem no decorrer deste livro. Mais do que simplesmente listar esses nomes e informar quem possui seus direitos de exploração, ou ainda imprimir os logotipos das mesmas, o editor declara estar utilizando tais nomes apenas para fins editoriais, em benefício exclusivo do dono da Marca Registrada, sem intenção de infringir as regras de sua utilização. Qualquer semelhança em nomes próprios e acontecimentos será mera coincidência.

FICHA CATALOGRÁFICA

GONZÁLEZ, Norton
Questões de Raciocínio Lógico, Quantitativo e Analítico

Rio de Janeiro: Editora Ciência Moderna Ltda., 2009.

1. Matemática
I — Título

ISBN: 978-85-7393-813-5   CDD 510

Editora Ciência Moderna Ltda.
R. Alice Figueiredo, 46 – Riachuelo
Rio de Janeiro, RJ – Brasil   CEP: 20.950-150
Tel: (21) 2201-6662/ Fax: (21) 2201-6896
E-mail: lcm@lcm.com.br
www.lcm.com.br   01/09

SUMÁRIO

QUESTÕES DE RACIOCÍNIO LÓGICO E QUANTITATIVO
NO ESTILO FCC (DE 01 A 200) 01

QUESTÕES DE ANÁLISE COMBINATÓRIA (DE 201 A 220) 89

QUESTÕES DE PROBABILIDADE (DE 221 A 237) 95

QUESTÕES DE RACIOCÍNIO LÓGICO E QUANTITATIVO (DE 238 A 317) 101

QUESTÕES DA PROVA DO TJ/CE (AUX. JUD.) (DE 318 A 327) 132

QUESTÕES DA PROVA DO TJ/CE (TEC. JUD.) (DE 328 A 337) 135

QUESTÕES DA PROVA DO TRE/CE (TEC. JUD.) (DE 338 A 351) 138

QUESTÕES DE RACIOCÍNIO QUANTITATIVO
(PRINCÍPIO DAS GAVETAS)(DE 352 A 353) 142

QUESTÕES DE RACIOCÍNIO QUANTITATIVO NO ESTILO NCE/RJ
(DE 354 A 363) 145

QUESTÕES DE RACIOCÍNIO QUANTITATIVO NO ESTILO CESPE/UNB
(DE 364 A 415) 149

QUESTÕES DE RACIOCÍNIO LÓGICO E QUANTITATIVO DE DIVERSAS ELABORADORAS
(DE 416 A 475) 196

QUESTÕES DE RACIOCÍNIO LÓGICO DA ANPAD (DE 476 A 500) 218

QUESTÕES DE RACIOCÍNIO QUANTITATIVO DA ANPAD (DE 501 A 520) 228

QUESTÕES DE RACIOCÍNIO ANALÍTICO DA ANPAD (DE 521 A 560) 237

REFERÊNCIAS BIBLIOGRÁFICAS 271

QUESTÕES DE RACIOCÍNIO LÓGICO
E QUANTITATIVO NO ESTILO FCC

01. No esquema ao lado têm-se indicadas as operações que devem ser sucessivamente efetuadas, a partir de um número X, a fim de se obter como resultado final o número 12.

É verdade que o número X é:

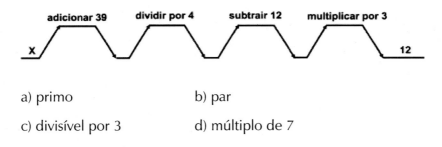

a) primo
b) par
c) divisível por 3
d) múltiplo de 7
e) quadrado perfeito

02. Na figura ao lado tem-se um quadrado mágico, ou seja, um quadrado em que os três números, dispostos nas celas de cada linha, coluna ou diagonal, têm a mesma soma.

X	$\frac{9}{2}$	-2,5
Y	$\frac{1}{2}$	Z
$\frac{7}{2}$	T	1,5

Nessas condições, os números X, Y, Z e T devem ser tais que:

a) X < Y < Z < T
b) T < Y < X < Z
c) T < X < Z < Y
d) Z < T < X < Y
e) Z < Y < X < T

03. Pretendendo incentivar seu filho a estudar Matemática, um pai lhe propôs 25 problemas, prometendo pagar R$ 1,00 por problema resolvido corretamente e R$ 0,25 de multa por problema que apresentasse solução errada. Curiosamente, após o filho resolver todos os problemas, foi observado que nenhum devia nada ao outro. Se x é o número de problemas que apresentaram solução errada, então:

a) x > 18

b) 12 < x < 18

c) 8 < x < 12

d) 4 < x < 8

e) 0 < x < 4

04. Na oficina de determinada empresa há um certo número de aparelhos elétricos a serem reparados. Incumbidos de realizar tal tarefa, dois técnicos dividiram o total de aparelhos entre eles, na razão inversa de seus respectivos tempos de serviço na empresa: 8 anos e 12 anos. Assim, se a um deles coube 9 aparelhos, o total reparado foi:

a) 21

b) 20

c) 18

d) 15

e) 12

05. Duas lojas têm o mesmo preço de tabela para um mesmo artigo e ambas oferecem dois descontos sucessivos ao comprador uma, de 20% e 20%; e a outra, de 30% e 10%. Na escolha da melhor opção, um comprador obterá, sobre o preço de tabela, um ganho de:

a) 34%

b) 36%

c) 37%

d) 39%

e) 40%

06. Qual é o capital que, investido a juros simples e à taxa anual de 15%, se elevará a R$ 17.760,00 ao fim de 1 ano e 4 meses?

a) R$ 14.500,00
b) R$ 14.800,00
c) R$ 15.200,00
d) R$ 15.500,00
e) R$ 15.600,00

07. Certo dia, durante o almoço, o restaurante de uma empresa distribuiu aos usuários 15 litros de suco de frutas, que vem acondicionado em pacotes que contém, cada um 1/3 de litro. Se todos os freqüentadores tomaram suco, 17 dos quais tomaram cada um 2 pacotes e os demais um único pacote, o total de pessoas que lá almoçaram nesse dia é:

a) 23
b) 25
c) 26
d) 28
e) 32

08. Um técnico administrativo foi incumbido de arquivar 120 processos em X caixas, nas quais todos os processos deveriam ser distribuídos em quantidades iguais. Entretanto, ao executar a tarefa, ele usou apenas X-3 caixas e, com isso, cada caixa ficou com 9 processos a mais que o previsto inicialmente. Nessas condições, o número de processos colocados em cada caixa foi:

a) 24
b) 22
c) 21
d) 17
e) 15

09. Para percorrer um mesmo trajeto de 72.900 metros, dois veículos gastaram: um, 54 minutos, e o outro, 36 minutos. A diferença positiva entre as velocidades médias desses veículos, nesse percurso, em quilômetros por hora, era de:

a) 11,47

b) 39,25

c) 40,5

d) 42,375

e) 45,5

10. Observe que há uma relação entre as duas primeiras figuras representadas na seqüência abaixo.

A mesma relação deve existir entre a terceira figura e a quarta, que está faltando. Essa quarta figura é:

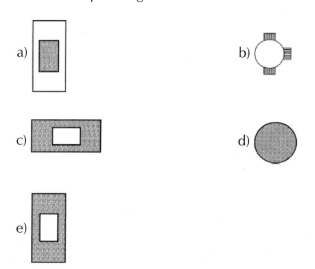

11. Na sucessão de figuras seguintes as letras foram colocadas obedecendo a um determinado padrão.

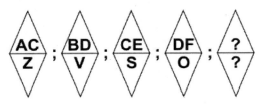

Se a ordem alfabética adotada exclui as letras K, W e Y, então, completando-se corretamente a figura que tem os pontos de interrogação obtém-se:

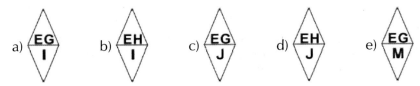

12. Das seis palavras seguintes, cinco deverão ser agrupadas segundo uma característica comum.

CARRETA - CANHADA - CAMADA - CREMADA - CANHOTO - CARRINHO

A palavra a ser descartada é:

a) CANHOTO   b) CREMADA

c) CAMADA   d) CANHADA

e) CARRETA

13. Considere que, no interior do círculo abaixo, os números foram colocados, sucessivamente e no sentido horário, obedecendo a um determinado critério.

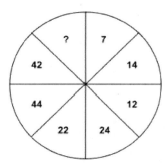

Se o primeiro número colocado foi o 7, o número a ser colocado no lugar do ponto de interrogação está compreendido entre:

a) 50 e 60

b) 60 e 70

c) 70 e 80

d) 80 e 90

e) 90 e 100

14. Na sentença abaixo falta a última palavra. Procure nas alternativas a palavra que melhor completa essa sentença.

A empresa está revendo seus objetivos e princípios à procura das causas que obstruíram o tão esperado sucesso e provocaram esse inesperado...

a) êxito

b) susto

c) malogro

d) fulgor

e) lucro

15. Se um livro tem 400 páginas numeradas de 1 a 400, quantas vezes o algarismo 2 aparece na numeração das páginas desse livro?

a) 160   b) 168

c) 170   d) 176

e) 180

16. Considere a figura abaixo:

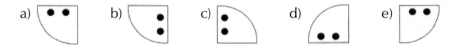

Se você pudesse fazer uma das figuras seguintes deslizar sobre o papel, aquela que, quando sobreposta à figura dada, coincidiria exatamente com ela é:

17. Considere a seqüência: (16, 18, 9, 12, 4, 8, 2, X). Se os termos dessa seqüência obedecem a uma lei de formação, o termo X deve ser igual a:

a) 12   b) 10

c) 9   d) 7

e) 5

18. Uma pessoa dispõe apenas de moedas de 5 e 10 centavos, totalizando a quantia de R$ 1,75. Considerando que ela tem pelo menos uma moeda de cada tipo, o total de moedas que ela possui poderá ser no máximo igual a:

a) 28

b) 30

c) 34

d) 38

e) 40

19. Alice, Bruna e Carla, cujas profissões são, advogada, dentista e professora, não necessariamente nesta ordem, tiveram grandes oportunidades para progredir em sua carreira: uma delas, foi aprovada em um concurso público; outra, recebeu uma ótima oferta de emprego e a terceira, uma proposta para fazer um curso de especialização no exterior. Considerando que:

• Carla é professora;

• Alice recebeu a proposta para fazer o curso de especialização no exterior; e

• A advogada foi aprovada em um concurso público.

É correto afirmar que:

a) Alice é advogada.

b) Bruna é advogada.

c) Carla foi aprovada no concurso público.

d) Bruna recebeu a oferta de emprego.

e) Bruna é dentista.

20. A tabela indica os plantões de funcionários de uma repartição pública em três sábados consecutivos:

11/setembro	18/setembro	25/setembro
Cristina	Ricardo	Silvia
Beatriz	Cristina	Beatriz
Julia	Fernanda	Ricardo

Dos seis funcionários indicados na tabela, 2 são da área administrativa e 4 da área de informática. Sabe-se que para cada plantão de sábado são convocados 2 funcionários da área de informática, 1 da área administrativa, que Fernanda é da área da informática. O funcionário que necessariamente é da área de informática é:

a) Beatriz

b) Cristina

c) Julia

d) Ricardo

e) Silvia

21. A figura indica um quadrado de 3 linhas e 3 colunas contendo três símbolos diferentes:

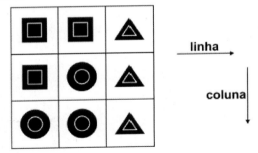

Sabe-se que:

• cada símbolo representa um número;

• a soma dos correspondentes números representados na 1ª linha é 16;

- a soma dos correspondentes números representados na 3ª coluna é 18; e

- a soma de todos os correspondentes números no quadrado é 39.

Nas condições dadas, o valor numérico do símbolo é:

a) 8

b) 6

c) 5

d) 3

e) 2

22. Sobre os 55 técnicos auxiliares judiciários que trabalham em uma unidade do Tribunal Regional Federal, é verdade que:

I. 60% dos técnicos são casados;

II. 40% dos auxiliares não são casados;

III. o número de técnicos não casados é 12.

Nessas condições, o total de

a) Auxiliares casados é 10.

b) Pessoas não casadas é 30.

c) Técnicos é 35.

d) Técnicos casados é 20.

e) Auxiliares é 25.

23. Comparando-se uma sigla de 3 letras com as siglas MÊS, SIM, BOI, BOL e ASO, sabe-se que:

- MÊS não tem letras em comum com ela;

• SIM tem uma letra em comum com ela, mas que não está na mesma posição;

• BOI tem uma única letra em comum com ela, que está na mesma posição;

• BOL tem uma letra em comum com ela, que não está na mesma posição;

• ASO tem uma letra em comum com ela, que está na mesma posição.

A sigla a que se refere o enunciado dessa questão é

a) BIL   b) ALI

c) LAS   d) OLI

e) ABI

24. Em um mês, Laura despachou dois processos a mais que o triplo dos processos despachados por Paulo. Nesse mesmo mês, Paulo despachou um processo a mais que Rita. Em relação ao total de processos despachados nesse mês pelos três juntos, qual a seqüência numérica que melhor descreve este total?

a) 1, 6, 11, 16, ...   b) 2, 7, 12, 17, ...

c) 3, 8, 13, 18, ...   d) 4, 9, 14, 19, ...

e) 5, 10, 15, 20, ...

25. Em uma eleição na qual concorrem os candidatos A, B e C, cada eleitor receberá uma cédula com o nome de cada candidato e deverá atribuir o número 1 a sua primeira escolha, o número 2 a sua segunda escolha, e o número 3 a terceira escolha. Ao final da eleição, sabe-se que todos eleitores votaram corretamente, e que a soma dos números atribuídos a cada candidato foi:

• 22 para A   • 18 para B   • 20 para C

Em tais condições, o número de pessoas que votaram nessa eleição é igual a:

a) 6
b) 8
c) 10
d) 12
e) 15

26. Em uma estante, a prateleira B é reservada para os livros de literatura brasileira, e a prateleira E para os de literatura estrangeira. Sabe-se que:

1. Ambas as prateleiras têm, de início, o mesmo número de livros;

2. retiram-se 25 livros da prateleira B colocando-os na prateleira E; e

3. após a etapa anterior, retiram-se 25 livros, ao acaso, da prateleira E colocando-os na prateleira B.

Após a etapa 3, é correto afirmar que o número de livros de literatura brasileira em:

a) B é o dobro que em E.

b) B é menor que em E.

c) B é igual ao de E.

d) E é igual ao de literatura estrangeira em B.

e) E é a terça parte que em B.

27. Em um dia de trabalho no escritório, em relação aos funcionários Ana, Cláudia, Luís, Paula e João, sabe-se que:

• Ana chegou antes de Paula e Luís.

- Paula chegou antes de João.
- Cláudia chegou antes de Ana.
- João não foi o último a chegar.

Nesse dia, o terceiro a chegar no escritório para o trabalho foi:

a) Ana
b) Cláudia
c) João
d) Luís
e) Paula

28. O diagrama indica percursos que interligam as cidades A, B, C, D e E, com as distâncias dadas em quilômetros:

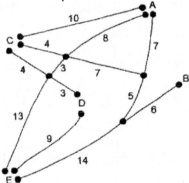

Partindo-se de A e passando por E, C e D, nessa ordem, a menor distância que poderá ser percorrida para chegar a B é, em quilômetros:

a) 68
b) 69
c) 70
d) 71
e) 72

29. Esta seqüência de palavras segue uma lógica:

• Pá   • Xale   • Japeri

Uma quarta palavra que daria continuidade lógica à seqüência poderia ser:

a) Casa

b) Anseio

c) Urubu

d) Café

e) Sua

30. Suponha que o custo, em reais, de produção de x unidades de certo artigo seja calculado pela expressão $C(x) = -x^2 + 24x + 2$. Se cada artigo for vendido por R$ 4,00, quantas unidades deverão ser vendidas para que se obtenha um lucro de R$ 19,00?

a) 18

b) 21

c) 25

d) 28

e) 30

31. Sabe-se que um número inteiro e positivo N é composto de três algarismos. Se o produto de N por 9 termina à direita por 824, a soma dos algarismos de N é:

a) 11

b) 13

c) 14

d) 16

e) 18

32. Uma pessoa aplicou certo capital a juro simples de 4% ao mês. Ao final de 1 ano, retirou o montante e dividiu-o entre seus três filhos, na razão direta de suas respectivas idades: 9, 12 e 15 anos. Se o mais jovem recebeu R$ 333,00 a menos que o mais velho, o capital aplicado foi:

a) R$ 1.200,00

b) R$ 1.250,00

c) R$ 1.300,00

d) R$ 1.350,00

e) R$ 1.400,00

33. Certo mês, um técnico judiciário trabalhou durante 23 dias. Curiosamente, ele observou que o número de pessoas que atendera a cada dia havia aumentado segundo os termos de uma progressão aritmética. Se nos cinco primeiros dias do mês ele atendeu 35 pessoas e nos cinco últimos 215, então, o total de pessoas por ele atendidas nesse mês foi:

a) 460

b) 475

c) 515

d) 560

e) 575

34. Num dado momento, no almoxarifado de certa empresa, havia dois tipos de impressos: A e B. Após a retirada de 80 unidades de A, observou-se que o número de impressos B estava para o de A na proporção de 9 para 5. Em seguida, foram retiradas 100 unidades de B e a proporção passou a ser de 7 de B para cada 5 de A. Inicialmente, o total de impressos dos dois tipos era:

a) 780

b) 600

c) 840

d) 860

e) 920

35. Hoje, dois técnicos judiciários, Marilza e Ricardo, receberam 600 e 480 processos para arquivar, respectivamente. Se Marilza arquivar 20 processos por dia e Ricardo arquivar 12 por dia, a partir de quantos dias, contados de hoje, Marilza terá menos processos para arquivar do que Ricardo?

a) 12

b) 14

c) 16

d) 18

e) 20

36. Considere os seguintes pares de números: (3,10); (1,8); (5,12); (2,9); (4,10). Observe que quatro desses pares têm uma característica comum. O único par que não apresenta tal característica é:

a) (3,10)

b) (1,8)

c) (5,12)

d) (2,9)

e) (4,10)

37. Observe a figura seguinte:

Qual figura é igual a figura acima representada?

a) b) c) d) e)

INSTRUÇÕES:

Para responder à questão de número 38, observe o exemplo abaixo, no qual são dados três conjuntos de números, seguidos de cinco alternativas.

$$\frac{3 \quad 4}{12} \qquad \frac{1 \quad 5}{11} \qquad \frac{2 \quad 8}{x}$$

a) 10   b) 12

c) 13   d) 15

e) 18

O objetivo da questão é determinar o número x que aparece abaixo do traço no terceiro conjunto.

No primeiro conjunto, acima do traço, têm-se os números 3 e 4, e, abaixo, o número 12. Note que o número 12 é resultado de duas operações sucessivas: a adição dos números acima do traço (3 + 4 = 7), seguida da adição de 5 à soma obtida (7 + 5 = 12).

Da mesma forma, foi obtido o número 11 do segundo conjunto:

1 + 5 = 6; 6 + 5 = 11.

Repetindo-se a seqüência de operações efetuadas nos conjuntos anteriores com os números do terceiro conjunto, obtém-se o número x, ou seja, 2 + 8 = 10; 10 + 5 = x. Assim, x = 15 e a resposta é a alternativa (d).

ATENÇÃO: Em questões desse tipo, podem ser usadas outras operações, diferentes das usadas no exemplo dado.

38. Considere os conjuntos de números:

$$\frac{8 \quad 3}{25} \qquad \frac{10 \quad 2}{64} \qquad \frac{7 \quad 3}{x}$$

Mantendo para os números do terceiro conjunto a seqüência das duas operações efetuadas nos conjuntos anteriores para se obter o número abaixo do traço, é correto afirmar que o número x é:

a) 9

b) 16

c) 20

d) 36

e) 40

39. Seis rapazes (Álvaro, Bruno, Carlos, Danilo, Elson e Fábio) conheceram-se certo dia em um bar. Considere as opiniões de cada um deles em relação aos demais membros do grupo:

• Álvaro gostou de todos os rapazes do grupo;

• Bruno, não gostou de ninguém; entretanto, todos gostaram dele;

• Carlos gostou apenas de dois rapazes, sendo que Danilo é um deles;

• Danilo gostou de três rapazes, excluindo-se Carlos e Fábio;

• Elson e Fábio gostaram somente de um dos rapazes.

Nessas condições, quantos grupos de dois ou mais rapazes gostaram uns dos outros?

a) 1

b) 2

c) 3

d) 4

e) 5

40. Dado um número inteiro e positivo N, chama-se persistência de N a quantidade de etapas que são necessárias para que, através de uma seqüência de operações preestabelecidas efetuadas a partir de N, seja obtido um número de apenas um dígito. O exemplo seguinte mostra que a persistência do número 7 191 é 3:

$$7191 \xrightarrow{7 \times 1 \times 9 \times 1} 63 \xrightarrow{6 \times 3} 18 \xrightarrow{1 \times 8} 8$$

Com base na definição e no exemplo dado, é correto afirmar que a persistência do número 8 464 é:

a) menor que 4   b) 4

c) 5   d) 6

e) maior que 6

41. Ao longo de uma reunião, da qual participaram o presidente de certa empresa e alguns funcionários, forem servidos 28 salgadinhos em uma bandeja. Sabe-se que:

— todos os participantes da reunião sentaram-se ao redor de uma mesa circular;

— o primeiro a ser servido foi o presidente e, após ele, sucessivamente, todos os demais também foram servidos, um a um, a partir da direita do presidente;

— a cada passagem da bandeja, todas as pessoas se serviram, cada qual de um único salgadinho;

— coube ao presidente ser servido com o último salgadinho da bandeja.

Considerando que as pessoas podem ter comido mais de um salgadinho, o total de participantes dessa reunião poderia ser:

a) 4   b) 9

c) 10 d) 13

e) 15

42. O Mini Sudoku é um divertido passatempo de raciocínio lógico. Ele consiste em 36 quadradinhos em uma grade 6 x 6, subdividida em seis grades menores de 2 x 3. O objetivo do jogo é preencher os espaços em branco com os números de 1 a 6, de modo que os números colocados não se repitam nas linhas, nem nas colunas, nem nas grades 2 x 3 e tampouco na grade 6 x 6, conforme é mostrado no exemplo que segue.

1	5	2	4	3	6
4	3	6	2	1	5
5	6	3	1	4	2
2	1	4	6	5	3
3	2	1	5	6	4
6	4	5	3	2	1

Observe que, no esquema de jogo abaixo, três das casas em branco aparecem sombreadas. Você deve completar o esquema de acordo com as regras do jogo, para descobrir quais números deverão ser colocados nessas casas.

	3	2			5
4					
6			2		
		3			4
					3
3			1	5	

A soma dos números que corretamente deverão preencher as casas sombreadas é:

a) 7

b) 9

c) 11

d) 13

e) 15

43. Floriano e Peixoto são funcionários do Ministério Público da União e, certo dia, cada um deles recebeu um lote de processos para arquivar. Sabe-se que:

— os dois lotes tinham a mesma quantidade de processos;

— ambos iniciaram suas tarefas quando eram decorridos $\dfrac{37}{96}$ do dia e trabalharam ininterruptamente até concluí-la;

— Floriano gastou 1 hora e 45 minutos para arquivar todos os processos de seu lote;

— nas execuções das respectivas tarefas, a capacidade operacional de Peixoto foi 60% da de Floriano.

Nessas condições, Peixoto completou a sua tarefa às:

a) 11 horas e 15 minutos.

b) 11 horas e 20 minutos.

c) 11 horas e 50 minutos.

d) 12 horas e 10 minutos.

e) 12 horas e 25 minutos.

44. Mensalmente, um técnico administrativo elabora relatórios estatísticos referentes à expedição de correspondências internas e externas. Analisando os relatórios por ele elaborados ao final dos meses de setembro, outubro e novembro de 2006, foi observado que:

— do total de correspondências em setembro, 20% eram de âmbito interno;

— em cada um dos meses seguintes, o número de correspondências internas expedidas aumentou 10% em relação às internas expedidas no mês anterior, enquanto que, para as externas, o aumento mensal foi de 20%, em relação às externas.

Comparando-se os dados do mês de novembro com os de setembro, é correto afirmar que o aumento das correspondências expedidas:

a) no total foi de 39,4%.

b) internamente foi de 42,2%.

c) externamente foi de 34,6%.

d) internamente foi de 20%.

e) externamente foi de 40%.

45. Observe que em cada um dos dois primeiros pares de palavras abaixo, a palavra da direita foi formada a partir da palavra da esquerda, utilizando-se um mesmo critério.

> SOLAPAR – RASO
> LORDES – SELO
> CORROBORA – ?

Com base nesse critério, a palavra que substitui corretamente o ponto de interrogação é:

a) CORA   b) ARCO   c) RABO

d) COAR   e) ROCA

46. Considerando que, em certo ano, o dia 23 de junho caiu em um sábado, o dia 22 de outubro desse mesmo ano caiu em:

a) uma segunda-feira

b) uma terça-feira

c) uma quinta-feira

d) um sábado

e) um domingo

47. Ao preparar o relatório das atividades que realizou em novembro de 2006, um motorista viu que, nesse mês, utilizara um único carro para percorrer 1.875 km, a serviço do Ministério Público da União. Curiosamente, ele observou que, ao longo de todo esse percurso, havia usado os quatro pneus e mais o estepe do carro, e que todos estes cinco pneus haviam rodado a mesma quilometragem. Diante disso, quantos quilômetros cada um dos cinco pneus percorreu?

a) 375   b) 750

c) 1.125   d) 1.500

e) 1.750

48. Nas prateleiras de uma farmácia há apenas três tipos de frascos, nos tamanhos grande, médio e pequeno e nas cores rosa, branca e azul, não respectivamente. Sabe-se também que cada frasco contém somente comprimidos de uma mesma cor - rosa, branca ou azul - , entretanto, apenas os frascos grandes têm a mesma cor dos comprimidos que contém; nem os frascos médios e nem os comprimidos que eles contêm são azuis; os frascos pequenos contêm apenas comprimidos na cor rosa. Nessas condições, é correto afirmar que os:

a) frascos médios contêm comprimidos rosa e os grandes contêm comprimidos brancos.

b) frascos brancos têm tamanho médio e contêm comprimidos azuis.

c) comprimidos dos frascos médios são brancos e os dos frascos grandes são azuis.

d) comprimidos dos frascos grandes são brancos e os dos frascos pequenos são azuis.

e) frascos grandes são brancos e os médios são azuis.

49. Considere que as seguintes afirmações são verdadeiras:

— Todo motorista que não obedece às leis de trânsito é multado.

— Existem pessoas idôneas que são multadas.

Com base nessas afirmações é verdade que:

a) se um motorista é idôneo e não obedece às leis de trânsito, então ele é multado.

b) se um motorista não respeita às leis de trânsito, então ele é idôneo.

c) todo motorista é uma pessoa idônea.

d) toda pessoa idônea obedece às leis de trânsito.

e) toda pessoa idônea não é multada.

50. Em uma sede da Procuradoria da Justiça serão oferecidos cursos para a melhoria do desempenho pessoal de seus funcionários. Considere que:

— essa sede tem 300 funcionários, $\frac{5}{12}$ dos quais são do sexo feminino;

— todos os funcionários deverão fazer um único curso e, para tal, deverão ser divididos em grupos, cada qual composto com pessoas de um mesmo sexo;

— todos os grupos deverão ter o mesmo número de funcionários;

— cada grupo formado terá seu curso em um dia diferente dos demais grupos.

Diante disso, a menor quantidade de cursos que deverão ser oferecidos é:

a) 25   b) 20

c) 18   d) 15

e) 12

51. Se para numerar as páginas de um livro foram usados 357 algarismos, qual a quantidade de páginas cuja numeração corresponde a um número par?

a) 70   b) 77

c) 80   d) 87   e) 90

52. Segundo o Sistema Internacional de Unidades (SI), os nomes dos múltiplos e submúltiplos de uma unidade são formados mediante os seguintes prefixos:

Fator pelo qual é multiplicada	Prefixo	Símbolo
$1\,000\,000\,000\,000 = 10^{12}$	tera	T
$1\,000\,000\,000 = 10^{9}$	giga	G
$1\,000\,000 = 10^{6}$	mega	M
$1\,000 = 10^{3}$	quilo	k
$100 = 10^{2}$	hecto	h
$10 = 10^{1}$	deca	da
$0,1 = 10^{-1}$	deci	d
$0,01 = 10^{-2}$	centi	c
$0,001 = 10^{-3}$	mili	m
$0,000\,001 = 10^{-6}$	micro	μ
$0,000\,000\,001 = 10^{-9}$	nano	n
$0,000\,000\,000\,001 = 10^{-12}$	pico	p

Assim, por exemplo, tem-se que: 30 Gm (gigametros) = 30 . 10^9 m (metros).

Com base nessas informações, se a unidade de medida fosse o byte (b), então a razão entre 1 800 µb e 0,06 dab, nesta ordem, seria um número compreendido entre:

a) 10^{-6} e 10^{-4} b) 10^{-4} e 10^{-3}

c) 10^{-3} e 10^{-2} d) 10^{-2} e 10^{-1}

e) 10^{-1} e 1

53. Um médico recomendou a Estevão que, em benefício de sua saúde, fizesse uma caminhada todos os dias. Seguindo sua recomendação, Estevão: iniciou suas caminhadas em 06/11/2006; no dia seguinte, percorreu 10% a mais que a quantidade de metros que havia caminhado no dia anterior; no terceiro dia, percorreu 20% a mais que a quantidade de metros percorrida no primeiro dia; no quarto dia, 30% a mais que a quantidade de metros percorrida no primeiro dia e, dessa forma, foi sucessivamente aumentando o percurso de sua caminhada. Se, ao longo dos 10 primeiros dias, Estevão percorreu um total de 11,6 km, quantos metros ele caminhou em 11/11/2006?

a) 1400   b) 1350

c) 1300   d) 1250

e) 1200

54. Em um laboratório, duas velas que têm a mesma forma e a mesma altura são acesas simultaneamente. Suponha que:

— as chamas das duas velas ficam acesas, até que sejam consumidas totalmente;

— ambas as velas queimam em velocidades constantes;

— uma delas é totalmente consumida em 5 horas, enquanto que a outra o é em 4 horas.

Nessas condições, após quanto tempo do instante em que foram acesas, a altura de uma vela será o dobro da altura da outra?

a) 2 horas e 20 minutos

b) 2 horas e 30 minutos

c) 3 horas e 10 minutos

d) 3 horas e 20 minutos

e) 3 horas e 30 minutos

55. Seja X o menor número positivo que multiplicado por 7 resulta em um número cujos algarismos são todos iguais a 5. O número X...

a) é um quadrado perfeito.

b) é menor que 60 000.

c) é divisível por 9.

d) é tal que o produto 7X tem 5 algarismos.

e) tem a soma dos algarismos igual a 30.

56. Considere todos os números inteiros e positivos dispostos, sucessivamente, em linhas e colunas, da forma como é mostrado abaixo.

	1ª CO-LUNA ↓	2ª CO-LUNA ↓	3ª CO-LUNA ↓	4ª CO-LUNA ↓	5ª CO-LUNA ↓	6ª CO-LUNA ↓	7ª CO-LUNA ↓
1ª LINHA →	1	2	3	4	5	6	7
2ª LINHA →	8	9	10	11	12	13	14
⋮	⋮	⋮	⋮	⋮	⋮	⋮	⋮

Se fosse possível completar essa tabela, então, na terceira coluna e na tricentésima quadragésima sexta linha apareceria o número:

a) 2.326

b) 2.418

c) 2.422

d) 3.452

e) 3.626

57. Um funcionário de uma seção da Procuradoria da Justiça foi incumbido de colocar nas cinco prateleiras de um armário cinco tipos de documentos, distintos entre si. Para tal, recebeu as seguintes instruções:

— em cada prateleira deverá ficar apenas um tipo de documento;

— os processos a serem examinados deverão ficar em uma prateleira que fica acima da prateleira dos impressos em branco e imediatamente abaixo da prateleira de relatórios técnicos;

— os registros financeiros deverão ficar em uma prateleira acima da prateleira de correspondências recebidas que, por sua vez, deverão ficar na prateleira imediatamente abaixo da dos processos a serem encaminhados.

Se ele cumprir todas as instruções recebidas, então, na prateleira mais alta deverão ficar:

a) os processos a serem examinados.

b) as correspondências recebidas.

c) os registros financeiros.

d) os relatórios técnicos.

e) os impressos em branco.

58. Dois funcionários do Ministério Público receberam a incumbência de examinar um lote de documentos. Dividiram os documentos entre si, em partes que eram, ao mesmo tempo, inversamente proporcionais as suas respectivas idades e diretamente proporcionais aos seus respectivos tempos de serviço no Ministério Público. Sabe-se que ao funcionário que tem 27 anos de idade e presta serviço ao Ministério há 5 anos coube 40 documentos; o outro tem 36 anos de idade e presta serviço ao Ministério há 12 anos. Nessas condições, o total de documentos do lote:

a) 112
b) 120
c) 124
d) 132
e) 136

59. No refeitório de certa empresa, num dado momento, o número de mulheres correspondia a 45% do número de homens. Logo depois, 20 homens e 3 mulheres retiraram-se do refeitório e, concomitantemente, lá adentraram 5 homens e 10 mulheres, ficando, então, o número de mulheres igual ao de homens. Nessas condições, o total de pessoas que havia inicialmente nesse refeitório é:

a) 46
b) 48
c) 52
d) 58
e) 60

60. No início do mês Fernando gastou metade do dinheiro que tinha. Alguns dias depois gastou 3/4 do que lhe sobrou. No fim do mês Fernando recebeu, como parte do pagamento de uma antiga dívida, uma quantia correspondente a 7/5 do que lhe sobrara, ficando com R$ 600,00. Quanto Fernando tinha no início do mês?

a) R$ 1.425,00
b) R$ 1.800,00
c) R$ 2.000,00
d) R$ 2.400,00
e) R$ 2.625,00

61. Para se numerar as páginas de um livro, são utilizados 333 algarismos. Quantas páginas possui este livro?

a) 311
b) 284
c) 229
d) 160
e) 147

62. Determinar o número de vezes que o algarismo 1 é escrito de 1 a 2007.

a) 1.411
b) 1.601
c) 1.731
d) 1.781
e) 1.800

63. Numa certa cidade, 8 em cada 25 habitantes são fumantes. Se 3 em cada 11 fumantes deixarem de fumar, o número de fumantes ficará reduzido a 12.800. Quantos habitantes há nesta cidade?

a) 42.000
b) 45.000
c) 52.000
d) 55.000
e) 61.000

64. Uma pessoa, ao preencher um cheque, trocou o algarismo das dezenas com o das centenas e, por isso, pagou R$ 180,00 a mais. Sabendo-se que a soma dos algarismos trocados é igual a 10, qual era o algarismo das dezenas no cheque?

a) 2
b) 3
c) 4
d) 5
e) 6

65. Num ônibus viajam 2 passageiros sentados em cada banco e 26 passageiros em pé. Se sentassem 3 passageiros em cada banco, ficariam 2 bancos vazios. Quantos passageiros viajam nesse ônibus?

a) 80   b) 90   c) 64

d) 70   e) 76

66. Uma máquina copiadora produz 1.500 cópias iguais em 30 minutos de funcionamento. Em quantos minutos de funcionamento outra máquina, com rendimento correspondente à 80% do funcionamento da primeira, produziria 1.200 dessas cópias?

a) 30   b) 35   c) 40

d) 42   e) 45

67. Um veículo percorre os 5/8 de uma estrada em 4 horas, com velocidade média de 75 km/h. Para percorrer o restante dessa estrada em 1 hora e 30 minutos, sua velocidade média deverá ser de:

a) 90 km/h   b) 100 km/h

c) 115 km/h   d) 120 km/h

e) 125 km/h

68. Se 5 máquinas funcionando 21 horas por dia produzem 720 peças em 6 dias, então o número de peças que 4 máquinas iguais às primeiras produzirão em 7 dias trabalhando 20 horas por dia é igual a:

a) 600   b) 640   c) 680

d) 720   e) 60

69. Um determinado serviço é realizado por uma única máquina em 12 horas de funcionamento ininterrupto e, em 15 horas, por uma outra máquina, nas mesmas condições. Se funcionarem simultaneamente, em quanto tempo realizarão este mesmo serviço?

a) 13 horas e 30 minutos

b) 6 horas e 40 minutos

c) 4 horas e 50 minutos

d) 27 horas

e) 9 horas

70. Uma torneira enche um tanque de 2,60 m de comprimento, 2,20 m de largura e 80 cm de altura em 5 horas de funcionamento ininterrupto. Uma outra torneira enche o mesmo tanque em 4 horas de funcionamento ininterrupto. O tanque estando inicialmente vazio, abre-se a primeira torneira e, uma hora depois, abre-se a segunda torneira. Em quanto tempo o tanque estará cheio, sabendo-se que as torneiras funcionaram ininterruptamente?

a) 2h 13min 20s

b) 4h 30min

c) 2h 46min 40s

d) 3h 28min 30s

e) 3h

71. Um levantamento sócioeconômico entre os habitantes de uma cidade revelou que exatamente 17% dos habitantes têm casa própria, 22% têm automóvel e 8% têm casa própria e automóvel. Qual é o percentual dos que não têm casa própria nem automóvel?

a) 53% b) 69% c) 61%

d) 55% e) 60%

72. Numa lista com 500 números inteiros, 280 são múltiplos de 2, 250 são múltiplos de 5, e 70 são números primos maiores que 11. Qual a percentagem dos números dessa lista que terminam, em zero?

a) 20% b) 25%

c) 30% d) 35%

e) 40%

73. O nível geral de preços em determinada região sofreu uma aumento de 10% em 1999 e 8% em 2000. Qual foi o aumento total dos preços no biênio considerado?

a) 8% b) 8,8%

c) 10,8% d) 18%

e) 18,8%

74. Se Y é diferente de zero, e se X/Y = 4, então a razão de 2X − Y para X, em termos percentuais, é igual a:

a) 75% b) 25%

c) 57% d) 175%

e) 200%

75. Paulo digitou 1/5 das X páginas de um texto e Fábio digitou 1/4 do número de páginas restantes. A porcentagem de X que deixaram de ser digitadas foi:

a) 20% b) 25% c) 45%

d) 50% e) 60%

76. Em uma turma de 60 alunos, 11 jogam xadrez, 3 mulheres jogam xadrez e 36 são homens ou jogam xadrez. Qual a porcentagem de mulheres que não jogam xadrez em relação a turma?

a) 40% b) 20%

c) 24% d) 30%

e) 45%

77. Determinar a soma dos antecedentes de uma proporção cujos números posteriores são 7 e 10, sabendo-se que a diferença entre oito vezes o primeiro antecedente e cinco vezes o segundo é 18.

a) 32 b) 40

c) 51 d) 63

e) 67

78. Uma herança de R$ 460.000,00 deve ser dividida entre três pessoas na razão direta do número de filhos de cada uma e na razão inversa das idades delas. As três pessoas têm, respectivamente, 2, 4 e 5 filhos, e as idades respectivas são 24, 32 e 45 anos. Quanto receberá o mais velho?

a) R$ 160.000,00

b) R$ 180.000,00

c) R$ 150.000,00

d) R$ 120.000,00

e) R$ 130.000,00

79. Colocou-se laranjas em quatro cestas cujos volumes são inversamente proporcionais aos números 14, 10, 8 e 4. A segunda cesta contém 48 laranjas a mais que a primeira. Quantas laranjas foram distribuídas ao todo?

a) 84
b) 220
c) 437
d) 712
e) 918

80. SUDOKU

9	8		7			4		6
		4	9				3	
	3				5		8	
	2			6		5		
	7	1	3		4	8	9	
		9			8		6	
	4		6				5	
	9				3	6		
3		2	5		1		4	8

81. SUDOKU

	6	3	8			2		
		5			4			9
	7		2	1			6	4
		4	9					6
2	8		1	3			4	5
7			6			2		
8	2			9	5		3	
5			8				9	
	4				2	7	5	

82. SUDOKU

7		6	3		1			
1	3			7		5	8	
4				5	2			
		5	2				4	3
6			7					9
3	4			8	9	6		
		3		9				1
	6	8		2			7	5
		4		6	7			8

83. SUDOKU

	8	1		3	2		1	
		3		6				2
	6			1			4	3
	5			9		3		1
		7	3			2		
3		9		8	1		6	
8		2		7			3	
7				2		6		
	3		1	4		9	2	

84. KAKURO 6 x 6

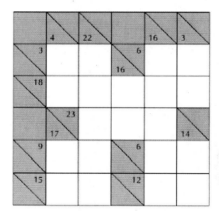

85. KAKURO 7 x 7

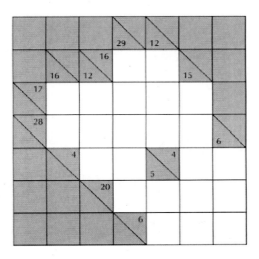

86. KAKURO 8 x 8

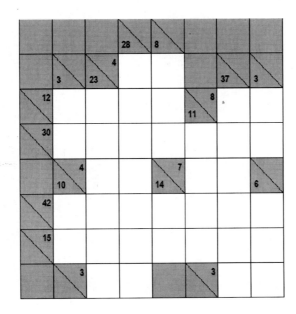

87. Qual dos números seguintes NÃO é equivalente ao número 0,000000625?

a) $6,25 \times 10^{-7}$

b) $62,5 \times 10^{-7}$

c) $6\frac{1}{4} \times 10^{-7}$

d) 625×10^{-9}

e) $\frac{5}{8} \times 10^{-6}$

88. Sabe-se que um número X é diretamente proporcional ao número Y e que, quando X = 8, tem-se Y = 24. Assim, quando $X = \frac{5}{6}$, o valor de Y é:

a) $\frac{1}{3}$

b) $\frac{2}{3}$

c) $\frac{3}{2}$

d) $\frac{5}{3}$

e) $\frac{5}{2}$

89. Um lote de 210 processos deve ser arquivado. Essa tarefa será dividida entre 4 Técnicos Judiciários de uma Secretaria da Justiça Federal, segundo o seguinte critério: Aluísio e Wilson deverão dividir entre si $\frac{2}{5}$ do total de processos do lote na razão direta de suas respectivas idades: 24 e 32 anos; Rogério e Bruno deverão dividir o restante entre si, na razão inversa de seus respectivos tempos de serviço na Secretaria: 20 e 15 anos. Se assim for feito, os técnicos que deverão arquivar a menor e a maior quantidade de processos são, respectivamente:

a) Aluísio e Bruno

b) Aluísio e Rogério

c) Wilson e Bruno

d) Wilson e Rogério

e) Rogério e Bruno

90. Um digitador gastou 18 horas para copiar $\frac{2}{7}$ do total de páginas de um texto. Se a capacidade operacional de outro digitador for o triplo da capacidade do primeiro, o esperado é que ele seja capaz de digitar as páginas restantes do texto em:

a) 13 horas

b) 13 horas e 30 minutos

c) 14 horas

d) 14 horas e 15 minutos

e) 15 horas

91. Na compra de um lote de certo tipo de camisa para vender em sua loja, um comerciante conseguiu um desconto de 25% sobre o valor a ser pago. Considere que:

— se não tivesse recebido o desconto, o comerciante teria pago R$ 20,00 por camisa;

— ao vender as camisas em sua loja, ele pretende dar ao cliente um desconto de 28% sobre o valor marcado na etiqueta e, ainda assim, obter um lucro igual a 80% do preço de custo da camisa.

Nessas condições, o preço que deverá estar marcado na etiqueta é:

a) R$ 28,50

b) R$ 35,00

c) R$ 37,50

d) R$ 39,00

e) R$ 41,50

92. Observe que, no esquema abaixo as letras que compõem os dois primeiros grupos foram dispostas segundo determinado padrão. Esse mesmo padrão deve existir entre o terceiro grupo e o quarto, que está faltando.

ZUVX : TQRS :: HEFG : ?

Considerando que a ordem alfabética adotada, que é a oficial, exclui as letras K, W e Y, o grupo de letras que substitui corretamente o ponto de interrogação é:

a) QNOP   b) BCDA

c) IFGH   d) DABC

e) FCDE

─ ─ ─ ─ ─ ─ ─ ─ ─ ─ ─ ─ ─ ─ ─

INSTRUÇÃO

para responder as questões de números 93 e 94 considere o texto abaixo.

Do chamado 'Jogo da Velha' participam duas pessoas que, alternadamente, devem assinalar suas jogadas em uma malha quadriculada 3 x 3: uma, usando apenas a letra X para marcar sua jogada e a outra, apenas a letra O. Vence o jogo a pessoa que primeiro conseguir colocar três de suas marcas em uma mesma linha, ou em uma mesma coluna, ou em uma mesma diagonal.

93. O esquema abaixo representa, da esquerda para a direita, uma sucessão de jogadas feitas por Alice e Eunice numa disputa do "Jogo da Velha".

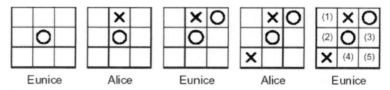

Para que, certamente, a partida termine com uma vitória de Eunice, então, ao fazer a sua terceira jogada, em qual posição ela deverá assinalar a sua marca?

a) Somente em (2).

b) Somente em (3).

c) Em (3) ou em (5).

d) Em (1) ou em (2).

e) Em (2) ou em (4).

94. A figura abaixo mostra duas jogadas assinaladas em uma grade do "Jogo da Velha".

A alternativa em que as duas jogadas assinaladas NÃO são equivalentes às que são mostradas na grade dada é:

a)   b)   c)   d)   e)

95. Observe a seguinte sucessão de multiplicações:

5 x 5 = 25

35 x 35 = 1 225

335 x 335 = 11 2225

3335 x 3335 = 11 122 225

A análise dos produtos obtidos em cada linha permite que se conclua corretamente que, efetuando 33 333 335 x 33 333 335, obtém-se um número cuja soma dos algarismos é igual a:

a) 28

b) 29

c) 31   d) 34

e) 35

96. Certo dia, três Técnicos Judiciários - Abel, Benjamim e Caim - foram incumbidos de prestar atendimento ao público, arquivar um lote de documentos e organizar a expedição de correspondências, não respectivamente. Considere que cada um deverá executar um único tipo de tarefa e que, sabendo qual tipo de tarefa deveriam cumprir, deram as seguintes respostas:

— aquele que irá atender ao público disse que Abel fará o arquivamento de documentos;

— o encarregado do arquivamento de documentos disse que seu nome era Abel;

— o encarregado da expedição de correspondências afirmou que Caim deverá fazer o arquivamento de documentos.

Se Abel é o único que sempre diz a verdade, então as respectivas tarefas de Abel, Benjamim e Caim são:

a) atendimento ao público, arquivamento de documentos e expedição de correspondências.

b) atendimento ao público, expedição de correspondências e arquivamento de documentos.

c) arquivamento de documentos, atendimento ao público e expedição de correspondências.

d) expedição de correspondências, atendimento ao público e arquivamento de documentos.

e) expedição de correspondências, arquivamento de documentos e atendimento ao público.

97. Assinale a alternativa que completa a série seguinte: J J A S O N D ?

a) J b) L

c) M d) N

e) O

98. Assinale a alternativa correspondente ao número de cinco dígitos, no qual o quinto dígito é a metade do quarto e um quarto do terceiro dígito. O terceiro dígito é a metade do primeiro e o dobro do quarto. O segundo dígito é três vezes o quarto e tem cinco unidades a mais que o quinto.

a) 17942 b) 25742

c) 65384 d) 86421

e) 97463

99. Considere a seqüência de figuras abaixo:

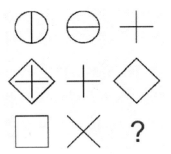

A figura que substitui corretamente a interrogação é:

a)   b)   c)   d)   e)

100. Se Rasputin não tivesse existido, Lênin também não existiria. Lênin existiu. Logo,

a) Rasputin não existiu.

b) Lênin existiu.

c) Lênin e Rasputin não existiram.

d) Lênin não existiu.

e) Rasputin existiu.

101. Assinale a alternativa que substitui corretamente a interrogação na seguinte seqüência numérica: 8 12 24 60 ?

a) 56

b) 68

c) 91

d) 134

e) 168

102. Aquele policial cometeu homicídio. Mas centenas de outros policiais cometeram homicídios, se aquele policial cometeu. Logo,

a) nenhum policial cometeu homicídio.

b) centenas de outros policiais cometeram homicídios.

c) centenas de outros policiais não cometeram homicídios.

d) aquele policial não cometeu homicídio.

e) aquele policial cometeu homicídio.

103. Assinale a alternativa que substitui corretamente a interrogação na seguinte seqüência numérica: 6 11 ? 27

a) 57

b) 17

c) 15

d) 13

e) 18

104. Considere a seqüência de figuras abaixo:

A figura que substitui corretamente a interrogação é:

a)   b)   c)

d)   e)

105. Todas as estrelas são dotadas de luz própria. Nenhum planeta brilha com luz própria. Logo,

a) todos os planetas são planetas.

b) todas as estrelas são estrelas.

c) todos os planetas são estrelas.

d) nenhum planeta é estrela.

e) todas as estrelas são planetas.

106. Há cinco objetos alinhados numa estante: um violino, um grampeador, um vaso, um relógio e um tinteiro. Conhecemos as seguintes informações quanto à ordem dos objetos:

— O grampeador está entre o tinteiro e o relógio.

— O violino não é o primeiro objeto e o relógio não é o último.

— O vaso está separado do relógio por dois outros objetos.

Qual é a posição do violino?

a) Segunda posição.	b) Terceira posição.

c) Quarta posição.	d) Quinta posição.

e) Sexta posição.

107. Considere a seqüência de figuras abaixo:

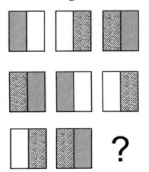

A figura que substitui corretamente a interrogação é:

a)   b)   c)

d)   e)

108. Se Guilherme disse a verdade, Gabriela e Lucas mentiram. Se Lucas mentiu, Bruna falou a verdade. Se Bruna falou a verdade, Maria está dormindo. Ora, Maria não está dormindo. Logo:

a) Guilherme e Bruna mentiram.

b) Guilherme e Gabriela disseram a verdade.

c) Lucas e Bruna mentiram.

d) Lucas mentiu ou Bruna disse a verdade.

e) Lucas e Gabriela mentiram.

109. Em uma cidade, todo pai de família é cantor. Todo filósofo, se não for marceneiro, ou é pai de família ou é arquiteto. Ora, não há marceneiro e não há arquiteto que não seja cantor. Portanto, tem-se que, necessariamente:

a) algum pai de família é marceneiro.

b) todo cantor é filósofo.

c) todo filósofo é cantor.

d) todo cantor é marceneiro ou arquiteto.

e) algum marceneiro é arquiteto.

110. A inserção dos números nos espaços abaixo observa determinada lógica.

O número que substitui corretamente a interrogação é:

a) 90R   b) 64I

c) 48J   d) 42L

e) 15X

111. Considere a seqüência das figuras abaixo.

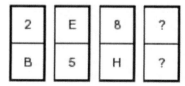

A figura que substitui corretamente as interrogações é:

a)   b)   c)

d)   e)

112. Ao dividir o número 762 por um número inteiro de dois algarismos, Natanael enganou-se e inverteu a ordem dos dois algarismos. Assim, como resultado, obteve o quociente 13 e o resto 21. Se não tivesse se enganado e efetuasse corretamente a divisão, o quociente e o resto que ele obteria seriam, respectivamente, iguais a:

a) 1 e 12   b) 8 e 11   c) 10 e 12

d) 11 e 15   e) 12 e 11

113. Operando ininterruptamente, uma máquina é capaz de tirar X cópias de um texto em 6 horas, enquanto que, nas mesmas condições, outra copiadora executaria o mesmo serviço em 4 horas. Se essas duas máquinas operassem juntas, que fração das X cópias elas tirariam após 2 horas de funcionamento ininterrupto?

a) $\dfrac{5}{12}$ b) $\dfrac{1}{2}$ c) $\dfrac{7}{12}$

d) $\dfrac{2}{3}$ e) $\dfrac{5}{6}$

114. Em agosto de 2006, Josué gastava 20% de seu salário no pagamento do aluguel de sua casa. A partir de setembro de 2006, ele teve um aumento de 8% em seu salário e o aluguel de sua casa foi reajustado em 35%. Nessas condições, para o pagamento do aluguel após os reajustes, a porcentagem do salário que Josué deverá desembolsar mensalmente é:

a) 22,5%   b) 25%

c) 27,5%   d) 30%

e) 32,5%

115. Certo dia, um técnico judiciário foi incumbido de digitar um certo número de páginas de um texto. Ele executou essa tarefa em 45 minutos, adotando o seguinte procedimento:

— nos primeiros 15 minutos, digitou a metade do total das páginas e mais meia página;

— nos 15 minutos seguintes, a metade do número de páginas restantes e mais meia página;

— nos últimos 15 minutos, a metade do número de páginas restantes e mais meia página.

Se, dessa forma, ele completou a tarefa, o total de páginas do texto era um número compreendido entre:

a) 5 e 8   b) 8 e 11

c) 11 e 14   d) 14 e 17

e) 17 e 20

116. Valfredo fez uma viagem de automóvel, em que percorreu 380 km, sem ter feito qualquer parada. Sabe-se que em $\frac{3}{5}$ do percurso o veículo rodou com velocidade média de 90 km/h e no restante do percurso, com velocidade média de 120 km/h. Assim, se a viagem teve início quando eram decorridos $\frac{69}{144}$ do dia, Valfredo chegou ao seu destino às:

a) 14h 18min
b) 14h 36min
c) 14h 44min
d) 15h 18min
e) 15h 36min

117. Algum X é Y. Todo X é Z. Logo,

a) algum Z é Y.
b) algum X é Z.
c) todo Z é X.
d) todo Z é Y.
e) algum X é Y.

118. Assinale a alternativa que completa a série seguinte:

C3, 6G, L10, ...

a) C4
b) 13M
c) 9I
d) 15R
e) 6Y

119. Se todos os nossos atos têm causa, então não há atos livres. Se não há atos livres, então todos os nossos atos têm causa. Logo,

a) alguns atos não têm causa se não há atos livres.

b) todos os nossos atos têm causa se, e somente se, há atos livres.

c) todos os nossos atos têm causa se, e somente se, não há atos livres.

d) todos os nossos atos não têm causa se, e somente se, não há atos livres.

e) alguns atos são livres se e somente se todos os nossos atos têm causa.

120. Assinale a alternativa que completa a série seguinte: 9, 16, 25, 36, ...

a) 45

b) 49

c) 61

d) 63

e) 72

121. Qual dos cinco desenhos representam a comparação adequada?

☐ está para ⊞ assim como △ está para...

a) △

b)

c)

d)

e)

122. Calculando-se $4295^2 \cdot 10^{-3} - 4294^2 \cdot 10^{-3}$, obtém-se um número compreendido entre:

a) 400 e 900

b) 150 e 400

c) 50 e 150

d) 10 e 50

e) 0 e 10

123. Em 1998, uma empresa adquiriu microcomputadores e impressoras na razão de 12 unidades para 5 unidades, respectivamente. Em 1999, comprou os mesmos tipos de equipamentos, mantendo a proporção do ano anterior. Se em 1999 foram comprados 36 micros a mais do que em 1998, quantas impressoras foram compradas a mais?

a) 12

b) 15

c) 16

d) 18

e) 24

124. Duas impressoras têm a mesma capacidade operacional. Se uma delas imprime 72 cópias em 6 minutos, quanto tempo a outra leva para imprimir 30 cópias?

a) 2 minutos e 12 s

b) 2 minutos e 15s

c) 2 minutos e 20s

d) 2 minuto e 24s

e) 2 minutos e 30s

125. Dos candidatos inscritos em um concurso, sabe-se que:

• 54% são do sexo masculino;

• 3 184 deles têm mais de 30 anos;

• 32% do número de mulheres têm idades menores ou iguais a 30 anos;

• 1 620 homens têm mais de 30 anos.

Nessas condições, o total de candidatos com idades menores ou iguais a 30 anos é:

a) 1564 b) 1636

c) 1728 d) 1816

e) 1924

126. Um capital C foi aplicado a juros simples, à taxa mensal de 2%, e após 14 meses foi resgatado o montante M. Esse montante foi aplicado a juros compostos, à taxa mensal de 4%, produzindo ao final de 2 meses o montante de R$ 2.163,20. O valor de C era:

a) R$ 1.548,00

b) R$ 1.562,50

c) R$ 1.625,00

d) R$ 1.682,50

e) R$ 1.724,00

127. O número de anagramas da palavra TRIBUNAL, que começam e terminam por consoante, é:

a) 18.000 b) 14.400

c) 3.600   d) 2.880

e) 720

128. Um certo número de técnicos dividia igualmente entre si a tarefa de cuidar da manutenção dos 108 microcomputadores de uma empresa. Entretanto, como 3 desses técnicos foram demitidos, coube a cada um dos outros cuidar da manutenção de mais 6 micros. Inicialmente, o número de técnicos era:

a) 4   b) 6
c) 9   d) 12
e) 15

129. Nos três andares de um prédio de apartamentos moram 68 pessoas. Sabe-se que o número de residentes no segundo andar é o dobro do número dos que residem no primeiro andar; os residentes no terceiro andar excedem em 20 pessoas o número dos que residem no primeiro andar. Se x, y e z são os números de residentes no primeiro, segundo e terceiro andares, respectivamente, então:

a) x=15   b) y=6
c) z=6   d) x=12
e) y=20

130. Tem-se abaixo o algoritmo da multiplicação de dois números inteiros, no qual alguns algarismos foram substituídos pelas letras X, Y, Z e T.

| 3X16 |
| Y4 |
| 15264 |
| 26Z1T |
| 282384 |

Para que o resultado esteja correto, os algarismos X, Y, Z e T devem ser tais que:

a) X + 3T = Y + Z

b) X + 2Y = 3T + Z

c) Y + 3T = X + Z

d) Y + 2T = 2X - Z

e) Z + 2Y = 3X - Z

131. Na figura abaixo, tem-se uma sucessão de figuras que representam números inteiros chamados "números triangulares", em virtude de sua representação geométrica.

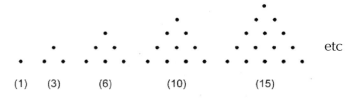

Nessas condições, se a_n é o termo geral dessa seqüência de números triangulares, a soma $a_{30} + a_{31}$ é igual a:

a) 784   b) 841   c) 900

d) 961   e) 1024

132. Nas figuras seguintes têm-se três malhas quadriculadas, nas quais cada número assinalado indica o total de caminhos distintos para atingir o respectivo ponto, caminhando sobre a rede de cima para baixo, a partir do ponto A.

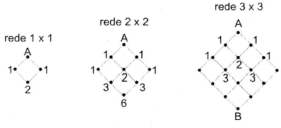

Raciocinando dessa maneira, quantos caminhos diferentes podem ser percorridos na rede 3 x 3, para se atingir o ponto B?

a) 10 b) 15

c) 20 d) 35

e) 70

133. Em uma festa, Didi, Márcia e Samanta mantêm o seguinte diálogo:

Didi: "Márcia e Samanta não comeram o bolo."

Márcia: "Se Samanta não comeu o bolo, então Didi o comeu."

Samanta: "Eu não comi o bolo, mas Didi ou Márcia comeram."

Se as três comeram o bolo, quem falou a verdade?

134. A tabela abaixo apresenta as dimensões do papel enrolado em duas bobinas B1 e B2.

B1 : comprimento de 23,10 m, largura de 0,18 m e espessura de 1,5 mm.

B2: comprimento de 18 m, largura de 0,18 m e espessura de 1,5 mm.

Todo o papel das bobinas será cortado de modo que, tanto o corte feito em B1 como em B2, resulte em folhas retangulares, todas com a mesma largura do papel. Nessas condições, o menor número de folhas que se poderá obter é

a) 135 b) 137

c) 140 d) 142

e) 149

135. Cada um dos 784 funcionários de uma Repartição Pública presta serviço em um único setor dos seguintes: administrativo (1), processamento de dados (2) e serviços gerais (3). Sabe-se que o número de funcionários do setor (2) é igual a 2/5 do número dos de (3). Se os funcionários do setor (1) são numericamente iguais a 3/8 do total de pessoas que trabalham na Repartição, então a quantidade de funcionários do setor:

a) (1) é 28

b) (2) é 150

c) (2) é 180

d) (3) é 350

e) (3) é 380

136. Para o transporte de valores de certa empresa são usados dois veículos, A e B. Se a capacidade de A é de 2,4 toneladas e a de B é de 32.000 quilogramas, então a razão entre as capacidades de A e B, nessa ordem, equivale a:

a) 0,0075%

b) 0,65%

c) 0,75%

d) 6,5%

e) 7,5%

137. Dois funcionários de uma Repartição Pública foram incumbidos de arquivar 164 processos, e dividiram esse total na razão direta de suas respectivas idades e inversa de seus respectivos tempos de serviço público. Se um deles tem 27 anos e 3 anos de tempo de serviço e o outro 42 anos e está há 9 anos no serviço público, então a diferença positiva entre os números de processos que cada um arquivou é:

a) 48

b) 50

c) 52

d) 54

e) 56

138. A impressora X é capaz de tirar um certo número de cópias de um texto em 1 hora e 15 minutos de funcionamento ininterrupto. A impressora Y, que tem 75% da capacidade de produção de X, tiraria a metade do número de cópias desse texto, se operasse ininterruptamente durante:

a) 50 minutos

b) 1 hora

c) 1 hora e 10 minutos

d) 1 hora e 20 minutos

e) 1 hora e 30 minutos

139. Denis investiu uma certa quantia no mercado de ações. Ao final do primeiro mês ele lucrou 20% do capital investido. Ao final do segundo mês, perdeu 15% do que havia lucrado e retirou o montante de R$ 5.265,00. A quantia que Denis investiu foi:

a) R$ 3.200,00

b) R$ 3.600,00

c) R$ 4.000,00

d) R$ 4.200,00

e) R$ 4.500,00

140. Em um regime de capitalização simples, um capital de R$ 12.800,00 foi aplicado à taxa anual de 15%. Para se obter o montante de R$ 14.400,00, esse capital deve ficar aplicado por um período de:

a) 8 meses

b) 10 meses

c) 1 ano e 2 meses

d) 1 ano e 5 meses

e) 1 ano e 8 meses

141. No almoxarifado de certa empresa há 68 pacotes de papel sulfite, dispostos em 4 prateleiras. Se as quantidades de pacotes em cada prateleira correspondem a 4 números pares sucessivos, então, dos números seguintes, o que representa uma dessas quantidades é o:

a) 8
b) 12
c) 18
d) 22
e) 24

142. Uma pessoa sabe que, para o transporte de 720 caixas iguais, sua caminhonete teria que fazer no mínimo X viagens, levando em cada uma o mesmo número de caixas. Entretanto, ela preferiu usar sua caminhonete três vezes a mais e, assim, a cada viagem ela transportou 12 caixas a menos. Nessas condições, o valor de X é:

a) 6
b) 9
c) 10
d) 12
e) 15

143. Certo dia, um técnico judiciário trabalhou ininterruptamente por 2 horas e 50 minutos na digitação de um texto. Se ele concluiu essa tarefa quando eram decorridos 11/16 do dia, então ele iniciou a digitação do texto às:

a) 13h40min
b) 13h20min
c) 12h20min
d) 12h10min
e) 15

144. Em um dado de seis faces marcamos os números −2, −1/2, 1/2, 3/4, 2 e 3. Indicando por x o número obtido após o primeiro lançamento do dado, e por y o número obtido após o segundo lançamento, o maior valor possível de 1/(x − y) será:

a) 5

b) 4

c) 10/3

d) 7/3

e) 3/2

145. Uma embalagem de 14 kg de ração para animal doméstico indica a seguinte tabela de recomendação de uso:

Massa do animal (em kg)	Quantidade de ração diária (em xícaras de 200 g)
Até 7	De 1 e ¼ até 2
Acima de 7 até 12	De 2 e ¼ até 3 e ¼
Acima de 12 até 18	De 3 e ½ até 4 e ½
Acima de 18	De 4 e ¾ até 6

Seguindo a recomendação de uso da tabela, uma embalagem de ração será suficiente para alimentar um animal de 13 kg por, no máximo:

a) 20 dias

b) 38 dias

c) 46 dias

d) 50 dias

e) 54 dias

146. Duas cestas idênticas, uma com laranjas e outra com maçãs, são colocadas juntas em uma balança que acusa massa total igual a 32,5 kg. Juntando as laranjas e as maçãs em uma única cesta, a massa indicada na balança é igual a 31,5 kg. Nestas condições, a massa de duas cestas vazias, em kg, é igual a:

a) 0,5
b) 1,0
c) 1,5
d) 2,0
e) 2,5

147. A região sombreada da figura representa a área plantada de um canteiro retangular, que foi dividido em quadrados.

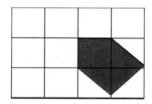

Em relação à área total do canteiro, a região plantada corresponde, aproximadamente, a:

a) 18,4%
b) 19,3%
c) 20,8%
d) 23,5%
e) 24,2%

148. A tabela indica o número de crianças nascidas vivas em um município brasileiro.

Ano	Crianças nascidas vivas
2000	130
2001	125
2002	130
2003	143

Se toda criança deve tomar uma determinada vacina ao completar 2 anos de vida, em relação ao total mínimo de vacinas que o posto de saúde reservou para 2003, haverá em 2004:

a) diminuição de 2%
b) diminuição de 3%
c) crescimento de 1%
d) crescimento de 3%
e) crescimento de 4%

149. Uma oficina de automóveis cobra R$ 25,00 por hora de trabalho mais o custo das peças trocadas no serviço. Se o preço do serviço realizado em um veículo é de R$ 300,00, dos quais 25% se referem ao custo das peças, o número de horas de trabalho gastas para a realização do serviço é igual a:

a) 9
b) 8
c) 7
d) 6
e) 5

150. Na tabela de conversão indicada, se quisermos substituir a palavra **multiplique** pela palavra **divida**, o número 1,094 deve ser substituído por:

Tabela de Conversão
Multiplique Metros por 1,094 para obter Jardas

Valor aproximado

a) 0,109   b) 0,622

c) 0,628   d) 0,909

e) 0,914

151. Uma impressora trabalhando continuamente emite todos os boletos de pagamento de uma empresa em 3 horas. Havendo um aumento de 50% no total de boletos a serem emitidos, três impressoras, iguais à primeira, trabalhando juntas poderão realizar o trabalho em 1 hora e...

a) 30 minutos   b) 35 minutos

c) 40 minutos   d) 45 minutos

e) 50 minutos

152. O dono de uma papelaria compra cada três envelopes de um mesmo tipo por R$ 0,10 e revende cada cinco deles por R$ 0,20. Quantos desses envelopes deve vender para obter um lucro de R$ 10,00?

a) 1.500   b) 1.800

c) 2.000   d) 2.200

e) 2.500

153. Um médico receitou dois remédios a um paciente: um para ser tomado a cada 12 horas e outro a cada 15 horas. Se às 14 horas do dia 10/10/2000 o paciente tomou ambos os remédios, ele voltou a tomá-los juntos novamente às:

a) 17h do dia 11/10/2000

b) 14h do dia 12/10/2000

c) 18h do dia 12/10/2000

d) 2h do dia 13/10/2000

e) 6h do dia 13/10/2000

154. Em uma seção de um Tribunal havia certo número de processos a serem arquivados. O número de processos arquivados por um funcionário correspondeu a 1/4 do total e os arquivados por outro correspondeu a 2/5 do número restante. Em relação ao número inicial, a porcentagem de processos que deixaram de ser arquivados foi:

a) 35%

b) 42%

c) 45%

d) 50%

e) 52%

155. Um funcionário demora 6 horas para fazer certo serviço, enquanto outro leva 8 horas para fazê-lo. Que fração desse serviço os dois fariam juntos em 3 horas?

a) 1/14

b) 1/7

c) 2/3

d) 3/4

e) 7/8

156. Se a razão entre dois números é 4/5 e sua soma é igual a 27, o menor deles é:

a) primo

b) divisível por 5

c) múltiplo de 7

d) divisível por 6

e) múltiplo de 9

157. Dois sócios constituíram uma empresa com capitais iguais, sendo que o primeiro fundou a empresa e o segundo foi admitido 4 meses depois. Ao final de um ano de atividades, a empresa apresentou um lucro de R$ 20.000,00. Eles receberam, respectivamente:

a) R$ 10.500,00 e R$ 9.500,00

b) R$ 12.000,00 e R$ 8.000,00

c) R$ 13.800,00 e R$ 6.200,00

d) R$ 15.000,00 e R$ 5.000,00

e) R$ 16.000,00 e R$ 4.000,00

158. Um automóvel faz certo percurso em 2 horas, com velocidade média de 80 km/h. Se a velocidade média fosse de 60 km/h, em quanto tempo faria esse mesmo percurso?

a) Uma hora e trinta minutos.

b) Uma hora e cinqüenta e cinco minutos.

c) Duas horas e vinte minutos.

d) Duas horas e trinta minutos.

e) Duas horas e quarenta minutos.

159. O número de funcionários de uma agência bancária passou de 80 para 120. Em relação ao número inicial, o aumento no número de funcionários foi de:

a) 50%   b) 55%

c) 60%   d) 65%

e) 70%

160. Em uma liquidação, certo artigo está sendo vendido com desconto de 20% sobre o preço T de tabela. Se o pagamento for efetuado em dinheiro, o preço com desconto sofre um desconto de 15%. Nesse último caso, o preço final será igual a:

a) 0,68T   b) 0,72T

c) 1,35T   d) 1,68T

e) 1,72T

161. Um capital de R$ 5.000,00, aplicado a juros simples, à taxa mensal de 3%, por um prazo de 1 ano e 3 meses, produzirá um montante no valor de:

a) R$ 7.225,00

b) R$ 7.250,00

c) R$ 7.320,00

d) R$ 7.500,00

e) R$ 7.550,00

162. Uma pessoa descontou um título, de valor nominal R$ 1.650,00, 20 meses antes de seu vencimento e recebeu a quantia de R$ 1.386,00. Se foi utilizado o desconto simples comercial (desconto simples por fora), a taxa mensal de desconto foi de:

a) 0,8%
b) 1,0%
c) 1,2%
d) 1,4%
e) 1,5%

163. Um lote de processos deve ser dividido entre os funcionários de uma seção para serem arquivados. Se cada funcionário arquivar 16 processos, restarão 8 a serem arquivados. Entretanto, se cada um arquivar 14 processos, sobrarão 32. O número de processos do lote é:

a) 186
b) 190
c) 192
d) 194
e) 200

164. O volume de uma caixa d'água é de 2,760 m^3. Se a água nela contida está ocupando os 3/5 de sua capacidade, quantos decalitros de água devem ser colocados nessa caixa para enchê-la completamente?

a) 331,2
b) 184
c) 165,6
d) 110,4
e) 55,2

165. Um motorista iniciou uma viagem às 9h25min e chegou ao seu destino às 18h10min. Essa viagem durou:

a) oito horas e trinta e cinco minutos

b) oito horas e quarenta e cinco minutos

c) nove horas e cinco minutos

d) nove horas e quinze minutos

e) nove horas e trinta e cinco minutos

166. O primeiro andar de um prédio vai ser reformado e os funcionários que lá trabalham serão removidos. Se 1/3 do total dos funcionários deverão ir para o segundo andar, 2/5 do total para o terceiro andar e os 28 restantes para o quarto andar, o número de funcionários que serão removidos é:

a) 50

b) 84

c) 105

d) 120

e) 150

167. Três funcionários, A, B e C, decidem dividir entre eles a tarefa de conferir o preenchimento de 420 formulários. A divisão deverá ser feita na razão inversa de seus respectivos tempos de serviço no Tribunal. Se A, B e C trabalham no Tribunal há 3, 5 e 6 anos, respectivamente, o número de formulários que B deverá conferir é:

a) 100

b) 120

c) 200

d) 240

e) 250

168. Num prédio de apartamentos de 15 andares, cada andar possui 2 apartamentos e em cada um moram 4 pessoas. Sabendo-se que, diariamente, cada pessoa utiliza 100 l de água e que, além do volume total gasto pelas pessoas, se dispõe de uma reserva correspondente a 1/5 desse total, a capacidade mínima do reservatório de água desse prédio, em litros, é:

a) 1200
b) 2400
c) 9600
d) 10000
e) 14400

169. Uma enfermeira recebeu um lote de medicamentos com 132 comprimidos de analgésico e 156 comprimidos de antibiótico. Ela deverá distribuí-los em recipientes iguais, contendo, cada um, a maior quantidade possível de um único tipo de medicamento. Considerando que todos os recipientes deverão receber a mesma quantidade de medicamento, o número de recipientes necessários para essa distribuição é:

a) 24
b) 16
c) 12
d) 8
e) 4

170. Numa reunião, o número de mulheres presentes excede o número de homens em 20 unidades. Se o produto do número de mulheres pelo de homens é 156, o total de pessoas presentes nessa reunião é:

a) 24
b) 28
c) 30
d) 32
e) 36

171. Uma pessoa saiu de casa para o trabalho decorridos 5/18 de um dia e retornou à sua casa decorridos 13/16 do mesmo dia. Permaneceu fora de casa durante um período de:

a) 14 horas e 10 minutos

b) 13 horas e 50 minutos

c) 13 horas e 30 minutos

d) 13 horas e 10 minutos

e) 12 horas e 50 minutos

172. Uma máquina copiadora produz 1.500 cópias iguais em 30 minutos de funcionamento. Em quantos minutos de funcionamento outra máquina, com rendimento correspondente a 80% do funcionamento da primeira, produziria 1.200 dessas cópias?

a) 30   b) 35

c) 40   d) 42

e) 45

173. Dos 120 funcionários convidados para assistir a uma palestra sobre doenças sexualmente transmissíveis, somente 72 compareceram. Em relação ao total de funcionários convidados, esse número representa:

a) 45%   b) 50%

c) 55%   d) 60%

e) 65%

174. Um capital de R$ 750,00 esteve aplicado a juros simples, produzindo, ao fim de um trimestre, o montante de R$ 851,25. A taxa anual de juros dessa aplicação foi de:

a) 48%   b) 50%   c) 54%

d) 56%   e) 63%

175. Qual a idade atual de uma pessoa, se daqui a 8 anos ela terá exatamente o triplo da idade que tinha há 8 anos?

a) 15 anos   b) 16 anos   c) 24 anos

d) 30 anos   e) 32 anos

176. Abaixo apresentam-se as três primeiras linhas de uma tabela composta por mais de 20 linhas. O padrão de organização observado mantém-se para a tabela toda.

$$\begin{array}{ccccc} 1 & 2 & 4 & 8 & 16 \\ 1 & 3 & 9 & 27 & 81 \\ 1 & 4 & 16 & 64 & 256 \\ \cdot & \cdot & \cdot & \cdot & \cdot \\ \cdot & \cdot & \cdot & \cdot & \cdot \\ \cdot & \cdot & \cdot & \cdot & \cdot \end{array}$$

Nessa tabela, o número localizado na 7ª linha e 3ª coluna é:

a) 64   b) 49   c) 36

d) 8   e) 7

177. Nos dados bem construídos, a soma dos pontos das faces opostas é sempre igual a 7. Um dado bem construído foi lançado três vezes. Se o produto dos pontos obtidos foi 36, o produto dos pontos das faces opostas pode ser:

a) 48

b) 30

c) 28

d) 24

e) 16

178. Uma empresa resolveu aumentar seu quadro de funcionários. Numa 1ª etapa contratou 20 mulheres, ficando o número de funcionários na razão de 4 homens para cada 3 mulheres. Numa 2ª etapa foram contratados 10 homens, ficando o número de funcionários na razão de 3 homens para cada 2 mulheres. Inicialmente, o total de funcionários dessa empresa era de:

a) 90

b) 120

c) 150

d) 180

e) 200

179. Considere que a carência de um seguro-saúde é inversamente proporcional ao valor da franquia e diretamente proporcional à idade do segurado. Se o tempo de carência para um segurado de 20 anos, com uma franquia de R$ 1.000,00 é 2 meses, o tempo de carência para um segurado de 60 anos com uma franquia de R$ 1.500,00 é:

a) 6 meses

b) 5 meses e meio

c) 5 meses

d) 4 meses e meio

e) 4 meses

180. Uma indústria tem 34 máquinas. Sabe-se que 18 dessas máquinas têm, todas, a mesma eficiência e executam certo serviço em 10 horas de funcionamento contínuo. Se as máquinas restantes têm 50% a mais de eficiência que as primeiras, funcionando ininterruptamente, executariam o mesmo serviço em:

a) 8 horas e 40 minutos

b) 8 horas e 20 minutos

c) 7 horas e 45 minutos

d) 7 horas e 30 minutos

e) 7 horas e 15 minutos

181. O preço de um objeto foi aumentado em 20% de seu valor. Como as vendas diminuíram, o novo preço foi reduzido em 10% de seu valor. Em relação ao preço inicial, o preço final apresenta:

a) um aumento de 10%

b) um aumento de 8%

c) um aumento de 2%

d) uma diminuição de 2%

e) uma diminuição de 10%

182. Um capital foi aplicado a juros simples da seguinte maneira: metade à taxa de 1% ao mês por um bimestre, 1/5 à taxa de 2% ao mês por um trimestre e o restante à taxa de 3% ao mês durante um quadrimestre. O juro total arrecadado foi de R$ 580,00. O capital inicial era:

a) R$ 5.800,00

b) R$ 8.300,00

c) R$ 10.000,00

d) R$ 10.200,00

e) R$ 10.800,00

183. A soma de um número com o dobro de outro é igual a 50. O produto desses números será máximo se o...

a) menor deles for igual a 10.

b) menor deles for igual a 15.

c) menor deles for igual a 25.

d) maior deles for igual a 25.

e) maior deles igual a 50.

184. Um funcionário recebeu R$ 300,00 para comprar sacos plásticos de um certo tipo. Pesquisando os preços, encontrou na loja x e na loja y os seguintes resultados:

LOJA	PACOTES CONTENDO	PREÇO POR PACOTE
X	500 SACOS	R$ 20,00
Y	1000 SACOS	R$ 30,00

É verdade que:

a) na compra de 5.000 sacos, economizará exatamente R$ 20,00 se o fizer na loja y.

b) na compra de 3.000 sacos, economizará exatamente R$ 30,00 se o fizer na loja y.

c) na compra de 7.000 sacos, economizará exatamente R$ 50,00 se o fizer na loja y.

d) ele tem dinheiro suficiente para comprar 8.200 sacos na loja x.

e) ele tem dinheiro suficiente para comprar 12.500 sacos na loja y.

185. Três funcionários fazem plantões nas seções em que trabalham: um a cada 10 dias, outro a cada 15 dias, e o terceiro a cada 20 dias, inclusive aos sábados, domingos e feriados. Se no dia 18/05/02 os três estiveram de plantão, a próxima data em que houve coincidência no dia de seus plantões foi:

a) 18/11/02
b) 17/09/02
c) 18/08/02
d) 17/07/02
e) 18/06/02

186. Um determinado serviço é realizado por uma única máquina em 12 horas de funcionamento ininterrupto e, em 15 horas, por uma outra máquina, nas mesmas condições. Se funcionarem simultaneamente, em quanto tempo realizarão esse mesmo serviço?

a) 3 horas

b) 9 horas

c) 25 horas

d) 4 horas e 50 minutos

e) 6 horas e 40 minutos

187. Certo mês, os números de horas extras cumpridas pelos funcionários A, B e C foram inversamente proporcionais aos seus respectivos tempos de serviço na empresa. Se A trabalha há 8 meses, B há 2 anos, C há 3 anos e, juntos, os três cumpriram um total de 56 horas extras, então o número de horas extras cumpridas por B foi:

a) 8
b) 12
c) 18
d) 24
e) 36

188. Um veículo percorre os 5/8 de uma estrada em 4 horas, com velocidade média de 75 km/h. Para percorrer o restante dessa estrada em 1 hora e 30 minutos, sua velocidade média deverá ser:

a) 90 km/h   b) 100 km/h

c) 115 km/h   d) 120 km/h

e) 125 km/h

189. Um comerciante compra um artigo por R$ 80,00 e pretende vendê-lo de forma a lucrar exatamente 30% sobre o valor pago, mesmo se der um desconto de 20% ao cliente. Esse artigo deverá ser anunciado por:

a) R$ 110,00   b) R$ 125,00

c) R$ 130,00   d) R$ 146,00

e) R$ 150,00

190. Aplicando-se a juros simples os 2/3 de um capital C à taxa de 15% ao ano e o restante à taxa de 18% ao ano, obtém-se, em 1 ano e 4 meses, juro total de R$ 512,00. O capital C é:

a) R$ 2.400,00   b) R$ 2.600,00

c) R$ 3.200,00   d) R$ 3.600,00

e) R$ 4.000,00

191. Um pai quer dividir certa quantia entre seus três filhos, de modo que um deles receba a metade da quantia e mais R$ 400,00, outro receba 20% da quantia e o terceiro receba 50% do que couber ao primeiro. O total a ser dividido é:

a) R$ 9.000,00

b) R$ 10.000,00

c) R$ 12.000,00

d) R$ 15.000,00

e) R$ 18.000,00

192. Sistematicamente, dois técnicos em segurança cumprem plantões na empresa onde trabalham: um, a cada 6 dias, e o outro, a cada 9 dias. Se em 20 de outubro de 2003 ambos estiveram de plantão, em qual das datas seguintes houve nova coincidência de seus plantões?

a) 06/11/2003

b) 10/11/2003

c) 19/11/2003

d) 21/11/2003

e) 25/11/2003

193. Certo dia, do total de audiências realizadas em um Tribunal Regional do Trabalho, sabe-se que 2/5 transcorreram das 9 às 11 horas e 1/3 das 11 às 14 horas. Se no restante do dia foram realizadas 12 audiências, qual o total de audiências registradas nesse dia?

a) 30   b) 36

c) 45   d) 48

e) 54

194. Certo dia, um técnico judiciário observou que durante a sua jornada de trabalho, havia falado 55 vezes ao telefone. Se o quadrado do número de ligações que realizou, acrescido de 69 unidades, era igual a 15 vezes o número das que recebeu, quantas ligações ele realizou?

a) 15

b) 18

c) 21

d) 28

e) 34

195. Um porteiro registrou certo dia a entrada de 345 pessoas nas dependências do TRT. Se a razão entre o número das que entraram pela manhã e o das que entraram à tarde, nessa ordem, era 10/13, então a diferença positiva entre as quantidades de pessoas que entraram em cada período é:

a) 32

b) 35

c) 42

d) 45

e) 52

196. Um veículo, com velocidade média de 120 km/h, leva 2 horas para percorrer uma certa distância. Outro veículo, com velocidade média de 100 km/h, percorreria a terça parte daquela distância em:

a) 48 minutos

b) 1 hora

c) 1 hora e 12 minutos

d) 1 hora e 18 minutos

e) 1 hora e 24 minutos

197. Em uma oficina, a quantidade de veículos que necessitam de uma avaliação de freios corresponde a 3/8 do total. A porcentagem do total de veículos dessa oficina que **NÃO** necessitam de tal avaliação é:

a) 60%

b) 62,25%

c) 62,5%

d) 62,75%

e) 65%

198. Um capital de R$ 15.000,00, à taxa mensal de 1,8%, renderá R$ 4.320,00 de juros simples, se ficar aplicado por um período de:

a) 1 ano e 2 meses

b) 1 ano e 4 meses

c) 1 ano e 6 meses

d) 2 anos e 2 meses

e) 2 anos e 4 meses

199. Alceu perguntou a Paulo a sua idade e ele respondeu: "A terça parte da minha idade é menor que a metade da sua, acrescida de 6 unidades." Se as idades dos dois somam 66 anos, quantos anos, no máximo, Paulo deve ter?

a) 44

b) 46

c) 49

d) 50

e) 52

200. Álvaro e José são seguranças de uma empresa e recebem a mesma quantia por hora-extra de trabalho. Certo dia, em que Álvaro cumpriu 2 horas-extras e José cumpriu 1 hora e 20 minutos, Álvaro recebeu R$ 11,40 a mais do que José. Logo, as quantias que os dois receberam, pelas horas-extras cumpridas nesse dia, totalizavam

A) R$ 60,00

(B) R$ 57,00

(C) R$ 55,00

(D) R$ 54,50

(E) R$ 53,80

GABARITO:

01 - E	02 - B	03 - A	04 - D	05 - C
06 - B	07 - D	08 - A	09 - C	10 - E
11 - A	12 - B	13 - D	14 - C	15 - E
16 - A	17 - D	18 - C	19 - B	20 - A
21 - E	22 - D	23 - B	24 - A	25 - C
26 - D	27 - E	28 - E	29 - B	30 - B
31 - C	32 - D	33 - E	34 - A	35 - C
36 - E	37 - D	38 - B	39 - A	40 - C
41 - B	42 - E	43 - D	44 - A	45 - B
46 - A	47 - D	48 - C	49 - A	50 - E
51 - B	52 - C	53 - E	54 - D	55 - E
56 - B	57 - C	58 - A	59 - D	60 - C
61 - E	62 - B	63 - D	64 - C	65 - B
66 - A	67 - D	68 - B	69 - B	70 - C
71 - B	72 - A	73 - E	74 - D	75 - E
76 - A	77 - C	78 - A	79 - E	80 - ABAIXO
81 - ABAIXO	82 - ABAIXO	83 - ABAIXO	84 - ABAIXO	85 - ABAIXO
86 - ABAIXO	87 - B	88 - E	89 - A	90 - E
91 - C	92 - D	93 - C	94 - B	95 - A
96 - D	97 - A	98 - D	99 - B	100 - E
101 - E	102 - B	103 - E	104 - A	105 - D
106 - D	107 - A	108 - A	109 - C	110 - C
111 - C	112 - C	113 - E	114 - B	115 - A
116 - D	117 - A	118 - D	119 - C	120 - B
121 - E	122 - E	123 - B	124 - E	125 - D
126 - B	127 - B	128 - C	129 - D	130 - A
131 - D	132 - C	133 - A	134 - B	135 - D
136 - E	137 - C	138 - A	139 - E	140 - B
141 - C	142 - D	143 - A	144 - B	145 - A

146 - D	147 - C	148 - E	149 - A	150 - E
151 - A	152 - A	153 - D	154 - C	155 - E
156 - D	157 - B	158 - E	159 - A	160 - A
161 - B	162 - A	163 - E	164 - D	165 - B
166 - C	167 - B	168 - E	169 - A	170 - D
171 - E	172 - A	173 - D	174 - C	175 - B
176 - A	177 - A	178 - B	179 - E	180 - D
181 - B	182 - C	183 - D	184 - B	185 - D
186 - E	187 - B	188 - D	189 - C	190 - A
191 - C	192 - E	193 - C	194 - C	195 - D
196 - A	197 - C	198 - B	199 - D	200 - B

80. SUDOKU

9	8	5	7	3	2	4	1	6
7	1	4	9	8	6	2	3	5
2	3	6	4	1	5	9	8	7
8	2	3	1	6	9	5	7	4
6	7	1	3	5	4	8	9	2
4	5	9	2	7	8	1	6	3
1	4	8	6	2	7	3	5	9
5	9	7	8	4	3	6	2	1
3	6	2	5	9	1	7	4	8

81. SUDOKU

4	6	3	5	8	9	1	2	7
1	5	2	7	6	4	3	8	9
9	7	8	2	1	3	5	6	4
3	1	4	9	5	2	8	7	6
2	8	6	1	3	7	9	4	5
7	9	5	6	4	8	2	1	3
8	2	7	4	9	5	6	3	1
5	3	1	8	7	6	4	9	2
6	4	9	3	2	1	7	5	8

82. SUDOKU

7	5	2	6	3	8	1	9	4
1	3	9	4	7	2	5	8	6
4	8	6	9	5	1	2	3	7
8	9	5	2	1	6	7	4	3
6	2	1	7	4	3	8	5	9
3	4	7	5	8	9	6	1	2
2	7	3	8	9	5	4	6	1
9	6	8	1	2	4	3	7	5
5	1	4	3	6	7	9	2	8

83. SUDOKU

4	8	1	7	3	2	5	9	6
9	7	3	5	6	4	8	1	2
2	6	5	8	1	9	4	7	3
6	5	8	2	9	7	3	4	1
1	4	7	3	5	6	2	8	9
3	2	9	4	8	1	7	6	5
8	9	2	6	7	5	1	3	4
7	1	4	9	2	3	6	5	8
5	3	6	1	4	8	9	2	7

84. KAKURO 6 x 6

	4\	22\		16\	3\
\	1	2	\6\16	4	2
\18	3	5	7	2	1
\	\23\17	8	9	6	\14
\9	8	1	\6	1	5
\15	9	6	\12	3	9

85. KAKURO 7 X 7

			29\	12\		
	16\	16\12	7	9	15\	
\17	7	3	4	2	1	
\28	9	8	6	1	4	6\
		\4	1	3	5\4	3	1
		\20	9	4	5	2
			\6	1	2	3

86. KAKURO 8 x 8

			28\	8\			
	3\	23\	\4 3	1		37\	3\
\12	1	2	6	3	11\8	6	2
\30	2	5	7	4	3	8	1
	\10	\4	3	1	14\7	2	5	6\
\42	7	8	4	6	5	9	3
\15	3	4	5	8	1	7	2
		\3	1	2		\3	2	1

QUESTÕES DE ANÁLISE COMBINATÓRIA

201. (ESAF-MPU-2004) Quatro casais compram ingressos para oito lugares contínuos em uma mesma fila no teatro. O número de diferentes maneiras em que podem sentar-se de modo que: a) homens e mulheres sentem-se em lugares alternados; b) todos os homens sentem-se juntos e que todas as mulheres sentem-se juntas, são, respectivamente:

a) 1.112 e 1.152
b) 1.152 e 1.100
c) 1.152 e 1.152
d) 384 e 1.112
e) 112 e 384

202. Ana guarda suas blusas em uma única gaveta em seu quarto. Nela, encontram-se sete blusas azuis, nove amarelas, uma preta, três verdes e três vermelhas. Uma noite, no escuro, Ana abre a gaveta e pega algumas blusas. O número mínimo de blusas que Ana deve pegar para ter certeza de ter pegado ao menos duas blusas na mesma cor é:

a) 6
b) 4
c) 2
d) 8
e) 10

203. Em uma sala de aula estão quatro meninas e seis meninos. Três das crianças são sorteadas para constituírem um grupo de dança. A probabilidade de as três crianças escolhidas serem do mesmo sexo é:

a) 0,10
b) 0,12
c) 0,15
d) 0,20
e) 0,24

204. (ESAF-MRE-2002) Chico, Caio e Caco vão ao teatro com suas amigas Biba e Beti, e desejam sentar-se, os cinco, lado ao lado, na mesma fila. O número de maneiras pelas quais eles podem distribuir-se nos assentos de modo que Chico e Beti fiquem sempre juntos, um ao lado do outro, é igual a:

a) 16   b) 24

c) 32   d) 46

e) 48

205. (ESAF-AFC-2002) Na Mega-Sena, são sorteadas seis dezenas de um conjunto de sessenta possíveis (as dezenas sorteáveis são 01, 02, ..., 60). Uma aposta simples (ou aposta mínima), na Mega-Sena, consiste em escolher seis dezenas. Pedro sonhou que as seis dezenas que serão sorteadas no próximo concurso da Mega-Sena estarão entre as seguintes: 01, 02, 05, 10, 18, 32, 35, 45. O número mínimo de apostas simples para o próximo concurso da Mega-Sena que Pedro deve fazer para ter certeza matemática de que será um dos ganhadores, caso o seu sonho esteja correto é:

a) 8   b) 28

c) 40   d) 60

e) 84

206. (ESAF-AFTN-98) Uma empresa possui vinte funcionários, dos quais dez homens e dez mulheres. Desse modo, o número de comissões de cinco pessoas que se pode formar com três homens e duas mulheres é:

a) 1.650   b) 165

c) 5.830   d) 5.400

e) 5.600

207. (ITA) Considere os números de 2 a 6 algarismos distintos formados utilizando-se apenas 1, 2, 4, 5, 7 e 8. Quantos destes números são ímpares e começam com um dígito par?

a) 216

b) 685

c) 585

d) 532

e) 353

208. Sabendo-se que um baralho tem cinqüenta e duas cartas, das quais doze são figuras, assinale a alternativa que corresponde ao número de agrupamentos de cinco cartas que podemos formar com cartas deste baralho, tal que cada agrupamento contenha pelo menos três figuras.

a) 10

b) 100.000

c) 192.192

d) 171.600

e) 191.400

209. Os alunos de um curso terão que escolher seis das nove questões de um teste e respondê-las. Sabendo que não houve na turma dois alunos que escolheram as mesmas questões, podemos afirmar que o máximo de alunos que poderia haver nesta turma é:

a) 60.480

b) 30.240

c) 720

d) 84

e) 1.440

210. São cinco médicos e 10 enfermeiras. Quantos plantões com 4 profissionais, sendo 1 médico e 3 enfermeiras, sendo que o médico Jorge e a enfermeira Leda nunca fiquem juntos, podemos formar?

a) 500   b) 465

c) 645   d) 564

e) 546

211. Quanto é a redução, em porcentagem, do número de modos que 5 pessoas podem tomar assento (1 casal e seus três filhos), sendo que o casal fica sempre junto, quando experimentarem I e II, respectivamente:

I → Em cinco cadeiras enfileiradas;

II → Em uma mesa circular de cinco assentos.

a) 25%   b) 35%

c) 45%   d) 50%

e) 75%

▶ Assinale nas questões seguintes **(C) Certo** ou **(E) Errado**.

212. (   ) Sobre uma reta marcou-se 5 pontos e sobre outra, paralela à primeira, marcam-se 8 pontos. O número de triângulos que obteremos unindo quaisquer destes 13 pontos é superior a 210.

213. (   ) Para arrumar 7 livros em uma estante, ao acaso, sendo que dois deles fiquem sempre juntos, teremos mais de 1.400 possibilidades.

214. ( ) Para arrumar seis livros de matemática, cinco de português e três de inglês em uma estante e desejando que os livros de uma mesma matéria fiquem sempre juntos, teremos mais de 3,1 milhões de possibilidades.

215. ( ) Os números menores do que 400 e que não possuem algarismos repetidos, são em nº de 61, desde que obtidos a partir dos 5 primeiros algarismos significativos.

216. ( ) O número de modos que podemos dispor 4 damas e 4 cavalheiros numa fila, de forma que não fique juntos dois cavalheiros e duas damas é exatamente 1.152.

217. ( ) O número de anagramas da palavra "ALMIR" que começou por A e acabou por R é 6.

218. ( ) Se numa fábrica trabalham 8 brasileiros e 6 italianos, o número de comissões de 5 funcionários, devendo cada comissão ser constituída de 3 brasileiros e 2 italianos, é superior a 830.

219. ( ) O número de comissões de 8 pessoas que podemos formar com 10 deputados e 6 senadores, sendo que em cada comissão tenhamos pelo menos 3 senadores é superior a 8.950.

220. ( ) Com os algarismos do número 992992 podemos formar 15 números de 6 algarismos.

GABARITO

201	202	203	204	205	206	207	208	209	210
C	A	D	E	B	D	C	C	D	D
211	212	213	214	215	216	217	218	219	220
E	C	C	C	C	C	C	C	C	C

QUESTÕES DE PROBABILIDADE

221. Das dez alunas de uma classe, três têm olhos azuis. Se duas delas são escolhidas ao acaso, qual é a probabilidade de ambas terem os olhos azuis?

a) 1/16   b) 1/17   c) 1/18

d) 3/43   e) 1/15

222. Uma moeda é viciada, de forma que as caras são três vezes mais prováveis de aparecer do que as coroas. Determine a probabilidade de, num lançamento, sair coroa.

a) 25%   b) 10%   c) 50%

d) 33,33%   e) 60%

223. Carlos sabe que Ana e Beatriz estão viajando pela Europa. Com as informações de que dispõe, ele estima corretamente que a probabilidade de Ana estar hoje em Paris é 3/7, que a probabilidade de Beatriz estar hoje em Paris é 2/7 e que a probabilidade de ambas, Ana e Beatriz, estarem hoje em Paris é 1/7. Carlos, então, recebe um telefonema de Ana informando que ela está hoje em Paris. Com a informação recebida pelo telefonema de Ana, Carlos agora estima corretamente que a probabilidade de Beatriz também estar hoje em Paris é igual a:

a) 1/7   b) 1/3   c) 2/3

d) 5/7   e) 4/7

224. Em dois lançamentos de um dado, não viciado, a probabilidade que se obtenham os números 4 e 6 em qualquer ordem é:

a) 1/18 b) 1/3 c) 1/10

d) 1/12 e) 3/5

225. (ESAF-TCU-2002) Um dado de seis faces numeradas de 1 a 6 é viciado, de modo que, quando lançado, a probabilidade de ocorrer uma face par qualquer é 300% maior do que a probabilidade de ocorrer uma face ímpar qualquer. Em dois lançamentos desse dado, a probabilidade de que ocorram exatamente uma face par e uma face ímpar (não necessariamente nesta ordem) é igual a:

a) 0,1600 b) 0,1875 c) 0,3200

d) 0,3750 e) 1,0000

226. Uma companhia, preocupada com sua produtividade, costuma oferecer cursos de treinamento a seus operários. A partir da experiência, verificou-se que um operário, recentemente admitido, que tenha freqüentado o curso de treinamento, tem 82% de probabilidade de cumprir sua quota de produção. Por outro lado, um operário, também recentemente admitido, que não tenha freqüentado o mesmo curso de treinamento, tem apenas 35% de probabilidade de cumprir com sua quota de produção. Dos operários recentemente admitidos, 80% freqüentaram o curso de treinamento. Selecionando-se, aleatoriamente, um operário recentemente admitido na companhia, a probabilidade de que ele não cumpra sua quota de produção é:

a) 11,70% b) 27,40% c) 35,00%

d) 83,00% e) 85,00%

227. Carlos diariamente almoça um prato de sopa no mesmo restaurante. A sopa é feita de forma aleatória por um dos três cozinheiros que lá trabalham: 40% das vezes a sopa é feita por João; 40% das vezes por José e 20% das vezes por Maria. João salga demais a sopa 10% das vezes, José o faz em 5% das vezes e Maria 20% das vezes. Como de costume, um dia qualquer Carlos pede a sopa e, ao experimentá-la, verifica que está salgada demais. A probabilidade de que essa sopa tenha sido feita por José é igual:

a) 0,15   b) 0,25   c) 0,30

d) 0,20   e) 0,40

228. Há apenas dois modos, mutuamente excludentes, de Genésio ir para Genebra participar de um congresso: ou de navio ou de avião. A probabilidade de Genésio ir de navio é de 40% e de ir de avião é de 60%. Se ele for de navio, a probabilidade de chegar ao congresso com dois dias de atraso é de 8,5%. Se ele for de avião a probabilidade de chegar ao congresso com dois dias de atraso é de 1%. Sabe-se que Genésio chegou com dois dias de atraso para participar do congresso em Genebra. A probabilidade de ele ter ido de avião é:

a) 5%   b) 8%   c) 10%

d) 15%   e) 18%

229. Os registros mostram que a probabilidade de um vendedor fazer uma venda a um cliente potencial é 0,4. Supondo que as decisões de compra dos clientes são eventos independentes, então a probabilidade de que o vendedor faça no mínimo uma venda em três visitas é igual:

a) 0,624   b) 0,064   c) 0,216

d) 0,568   e) 0,784

230. Quando Ligia pára em um posto de gasolina, a probabilidade de ela pedir para verificar o nível de óleo é 0,28; a probabilidade de ela pedir para verificar a pressão dos pneus é 0,11 e a probabilidade dela pedir para verificar ambos, óleo e pneus, é 0,04. Portanto, a probabilidade de Ligia parar em um posto de gasolina e não pedir nem para verificar o nível de óleo e nem verificar a pressão dos pneus é igual a:

a) 0,25
b) 0,35
c) 0,45
d) 0,15
e) 0,65

231. André está realizando um teste de múltipla escolha, em que cada questão apresenta cinco alternativas, sendo uma e apenas uma é a correta. Se André sabe resolver a questão, ele marca a resposta correta. Se ele não sabe, ele marca aleatoriamente uma das alternativas. André sabe 60% das questões do teste. Então, a probabilidade dele acertar uma questão qualquer do teste (isto é, de uma questão escolhida ao acaso) é igual a:

a) 0,62
b) 0,60
c) 0,68
d) 0,80
e) 0,56

232. Qual a probabilidade de, em dois lançamentos de um dado, se obter um número par no 1º lançamento e ímpar no 2º?

a) 0,40
b) 0,30
c) 0,20
d) 0,25
e) 0,22

233. Em uma competição, participam três pessoas, A, B e C. Sendo que as duas primeiras têm a mesma probabilidade de ganhar e a terceira, C, tem o dobro das chances das outras duas, qual a probabilidade de A ou C vencerem?

a) 75%   b) 65%

c) 60%   d) 70%

e) 63%.

234. (ESAF-MPOG-2002) Um juiz de futebol possui três cartões no bolso. Um todo amarelo, o outro é todo vermelho e o terceiro é vermelho de um lado e amarelo do outro. Num determinado jogo, o juiz retira, ao acaso, um cartão do bolso e mostra, também ao acaso, uma face do cartão a um jogador. Assim, a probabilidade de a face que o juiz vê ser vermelha e de a outra face, mostrada ao jogador, ser amarela é igual a:

a) 1/6   b) 1/3

c) 2/3   d) 4/5

e) 5/6

235. Uma urna possui três bolas pretas e cinco bolas brancas. Quantas bolas azuis devem ser colocadas nessa urna, de modo que, retirando-se uma bola ao acaso, a probabilidade de ela ser azul seja igual a 2/3?

a) 15   b) 25   c) 30

d) 16   e) 20

236. (ESAF-MRE-2002) Em um grupo de cinco crianças, duas delas não podem comer doces. Duas caixas de doces serão sorteadas para duas diferentes crianças desse grupo (uma caixa para cada uma das crianças). A probabilidade de que as duas caixas de doces sejam sorteadas exatamente para duas crianças que podem comer doces é:

a) 0,15   b) 0,2

c) 0,20   d) 0,30

e) 0,40

237. De um grupo de duzentos estudantes, oitenta estão matriculados em Francês, cento e dez em Inglês e quarenta não estão matriculados nem em Inglês, nem em Francês. Seleciona-se ao acaso um dos duzentos estudantes. A probabilidade de que o estudante selecionado esteja matriculado em pelo menos uma dessas disciplinas (isto é, em Inglês ou Francês) é igual a:

a) 30/200   b) 130/200

c) 150/200   d) 160/200

e) 190/200

GABARITO

221	222	223	224	225	226	227	228	229	230	231	232	233	234	235	236	237
E	A	B	C	A	B	D	D	E	E	C	D	A	A	D	D	D

QUESTÕES DE RACIOCÍNIO LÓGICO E QUANTITATIVO

238. Ou Ana será Médica, ou Paula será Enfermeira, ou Taís será Psicóloga. Se Bruno for Professor, então Taís será Psicóloga. Se Paula for Enfermeira, então Bruno será Professor. Ora, Taís não será Psicóloga. Então:

a) Ana será Médica e Paula não será Enfermeira

b) Ana não será Médica e Bruno não será Professor

c) Taís será Psicóloga e Paula será Enfermeira

d) Paula será Enfermeira ou Bruno será Professor

e) Paula não será Enfermeira e Bruno será Professor

239. A negação da proposição "hoje está sol e amanhã vai chover" é:

a) "Hoje está sol ou amanhã vai chover"

b) "Hoje não está sol e amanhã vai chover"

c) "Hoje não está sol e nem amanhã vai chover"

d) "Hoje não está sol ou amanhã não vai chover"

e) "Hoje está sol ou amanhã não vai chover"

240. Surfo ou estudo. Fumo ou não surfo. Velejo ou não estudo. Ora, não velejo. Assim:

a) Estudo e fumo.

b) Não fumo e surfo.

c) Não velejo e não fumo.

d) Estudo e não fumo.

e) Fumo e surfo.

241. Se Carina é amiga de Carol, então Carmem é cunhada de Carol. Carmem não é cunhada de Carol. Se Carina não é cunhada de Carol, então Carina é amiga de Carol. Logo:

a) Carina é cunhada de Carmem e é amiga de Carol.

b) Carina não é amiga de Carol ou não é cunhada de Carmem.

c) Carina é amiga de Carol ou não é cunhada de Carol.

d) Carina é amiga de Carmem e é amiga de Carol.

e) Carina é amiga de Carol e não é cunhada de Carmem.

242. André é inocente ou Beto é inocente. Se Beto é inocente, então Caio é culpado. Caio é inocente se, e somente se, Dênis é culpado. Ora, Dênis é culpado. Logo:

a) Caio e Beto são inocentes.

b) André e Caio são inocentes.

c) André e Beto são inocentes.

d) Caio e Dênis são culpados.

e) André e Dênis são culpados.

243. Considere as proposições abaixo:

p: 4 é um número par;

q: A UFC é a maior exportadora de café do Brasil.

( ) Nesse caso, é possível concluir que a proposição p v q é verdadeira.

244. Na lógica sentencial, denomina-se proposição uma frase que pode ser julgada como verdadeira (V) ou falsa (F), mas não, como ambas. Assim, frases como "Como está o tempo hoje?" e "Esta frase é falsa" não são proposições porque a primeira é pergunta e a segunda não pode ser nem V nem F. As proposições são representadas simbolicamente por letras maiúsculas do alfabeto — A, B, C etc. Uma proposição da forma "A ou B" é F se A e B forem F, caso contrário é V; e uma proposição da forma "Se A então B" é F se A for V e B for F, caso contrário é V. Um raciocínio lógico considerado correto é formado por uma seqüência de proposições tais que a última proposição é verdadeira sempre que as proposições anteriores na seqüência forem verdadeiras.

Considerando as informações contidas no texto acima, julgue os itens subseqüentes.

( ) É correto o raciocínio lógico dado pela seqüência de proposições seguintes:

→ Se Antônio for bonito ou Maria for alta, então José será aprovado no concurso.

→ Maria é alta.

→ Portanto José será aprovado no concurso.

( ) É correto o raciocínio lógico dado pela seqüência de proposições seguintes:

→ Se Célia tiver um bom currículo, então ela conseguirá um emprego.

→ Ela conseguiu um emprego.

→ Portanto, Célia tem um bom currículo.

( ) Na lista de frases apresentadas a seguir, há exatamente três proposições.

→ "A frase dentro destas aspas é uma mentira."

→ A expressão X + Y é positiva.

→ O valor de $\sqrt{4} + 3 = 7$

→ Pelé marcou dez gols para a seleção brasileira.

→ O que é isto?

245. Na lógica de primeira ordem, uma proposição é funcional quando é expressa por um predicado que contém um número finito de variáveis e é interpretada como verdadeira (V) ou falsa (F) quando são atribuídos valores às variáveis e um significado ao predicado. Por exemplo, a proposição "Para qualquer x, tem-se que x − 2 > 0" possui interpretação V quando x é um número real maior do que 2 e possui interpretação F quando x pertence, por exemplo, ao conjunto {−4, −3, −2, −1, 0}.

Com base nessas informações, julgue os próximos itens.

( ) A proposição funcional "Para qualquer x, tem-se que $x^2 > x$" é verdadeira para todos os valores de x que estão no conjunto

$$\left\{5, \frac{5}{2}, 3, \frac{3}{2}, 2, \frac{1}{2}\right\}$$

( ) A proposição funcional "Existem números que são divisíveis por 2 e por 3" é verdadeira para elementos do conjunto {2, 3, 9, 10, 15, 16}.

246. Dizer que não é verdade que Pedro é pobre e que Alberto é alto, é logicamente equivalente a dizer que é verdade que:

a) Pedro não é pobre ou Alberto não é alto.

b) Pedro não é pobre e Alberto não é alto.

c) Pedro é pobre ou Alberto não é alto.

d) Se Pedro não é pobre, então Alberto é alto.

e) Se Pedro não é pobre, então Alberto não é alto.

247. Se Nestor disse a verdade, Júlia e Raul mentiram. Se Raul mentiu, Lauro falou a verdade. Se Lauro falou a verdade, há um leão feroz nesta sala. Ora, não há um leão feroz nesta sala. Logo:

a) Nestor e Júlia disseram a verdade.

b) Nestor e Lauro mentiram.

c) Raul e Lauro mentiram.

d) Raul mentiu ou Lauro disse a verdade.

e) Raul e Júlia mentiram.

RACIOCÍNIO QUANTITATIVO
(NOÇÕES BÁSICAS DE CONJUNTO)

248. Numa academia de ginástica foi feita uma pesquisa para saber o número de pessoas matriculadas em alongamento (**A**), hidroginástica (**H**) e musculação (**M**), chegando-se ao seguinte resultado:

Atividade Física	A	H	M	A e H	A e M	H e M	A, H e M	outras atividades
Número de Pessoas	109	203	162	25	28	41	5	115

Com base nessas informações, pode-se concluir que a pesquisa foi feita com:

a) 500 pessoas

b) 573 pessoas

c) 600 pessoas

d) 688 pessoas

249. Se **A** é um conjunto finito, seja **n(A)** o número de elementos de **A**, sejam **X**, **Y** e **Z** três conjuntos tais que: n(X) = 100, n(Y) = 90, n(z) = 80, $n(X - (Y \cup Z)) = 50$, $n(X \cap Y \cap Z) = 10$ e $n(X \cap Y) = n(X \cap Z) = n(X \cap Y)$

Nestas condições o número de elementos que pertencem a mais de um conjunto é:

a) 70

b) 80

c) 90

d) 100

250. Dados os conjuntos A = {a, b, c, d}, B = {b, c, d, e}, C = {a, c, f}, então [(A - B)∪(B - C)∪(A∩B)]∩[(A∩C)∪(B∩A∩C)] é:

a) {a, b, c, d, e}   b) {a, b, c, d}

c) {a, c}   d) {a, b}

e) {b, c, d}

251. Assinale a alternativa verdadeira. Se A e B são dois conjuntos, não vazios, e ∅ é o conjunto vazio, então:

a) {x|x ∈ A e x ∈ B} = A∪B

b) B ⊃ (A∩B)

c) A∩∅={∅}

d) B – A = x implica C_B^A = x

e) A ⊂ A∩B

252. Sejam os conjuntos U = {1, 2, 3, 4} e A = {1, 2}. O conjunto B tal que B ∩ A = {1} e B ∪ A = U é:

a) ∅   b) {1}

c) {1,2}   d) {1,3,4}

e) U

253. Dados os conjuntos A = {a, b, c}, B = {a, d} e C = {a, b, d}, o conjunto X tal que A ∪ C = B ∪ X e B ∩ X = ∅ é:

a) {a}   b) {b}

c) {c}   d) {a,b}   e) {b,c}.

254. O conjunto A é subconjunto de B e A ≠ B, A ∪ (B − A) é:

a) B   b) A

c) ∅   d) A − B

e) A ∩ B

255. A parte hachurada do gráfico ao lado corresponde a:

a) (A ∩ B) − B

b) (A ∩ C) − B

c) (B ∩ C) − A

d) (A ∩ C) − A

e) (A ∩ B) − C

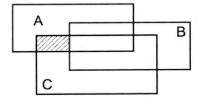

256. Na figura abaixo, estão representados os conjuntos A, B e C não vazios. A região sombreada representa o conjunto:

a) (A ∩ B) − C

b) (A ∪ B ∪ C) − C

c) (A − B) − C

d) (B ∪ C) ∩ A

e) A ∩ B ∩ C

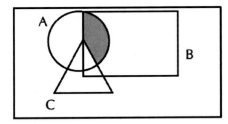

257. Considere os seguintes conjuntos: A = {1,2, {1,2 }}; B = {{1}, 2} e C = {1,{1}, {2}}. Assinale abaixo a alternativa falsa:

a) A ∩ B = {2}
b) B ∩ C = {{1}}
c) B − C = A ∩ B
d) B ⊂ A
e) A ∩ P(A) = {{1,2}}, onde P(A) é o conjunto dos subconjuntos de A

258. Numa pesquisa de mercado, foram entrevistadas várias pessoas acerca de suas preferências em relação a 3 produtos: A, B e C. Os resultados da pesquisa indicaram que:

210 pessoas compram o produto A.

210 pessoas compram o produto B.

250 pessoas compram o produto C.

20 pessoas compram os 3 produtos.

100 pessoas não compram nenhum dos 3 produtos.

60 pessoas compram os produtos A e B.

70 pessoas compram os produtos A e C.

50 pessoas compram os produtos B e C.

Quantas pessoas foram entrevistadas?

a) 670
b) 970
c) 870
d) 610
e) 510

259. No problema anterior, calcule quantas pessoas compram apenas o produto A; apenas o produto B; e apenas o produto C.

a) 210, 210; 250

b) 150; 150; 180

c) 100;120; 150

d) 120;140;170

e) n.d.a

260. Numa universidade com N alunos, 80 estudam Física, 90 Biologia, 55 Química, 32 Biologia e Física, 23 Química e Física, 16 Biologia e Química e 8 estudam nas três faculdades. Sabendo-se que esta Universidade somente mantém as três faculdades, quantos alunos estão matriculados na Universidade?

a) 304

b) 162

c) 146

d) 154

e) n.d.a.

RACIOCÍNIO LÓGICO QUANTITATIVO
(NOÇÕES BÁSICAS DE ARITMÉTICA)

261. O resultado de $\dfrac{5^{-20}}{10^{-15}}$ é um número:

a) menor do que 1

b) entre 1 e 10

c) entre 10 e 100

d) entre 100 e 1.000

e) maior do que 1.000

262. Pensei em um número N positivo. Elevei-o ao quadrado e depois adicionei 4 ao resultado. Em seguida, dividi o novo resultado por 15, obtendo então um número M. Nesse caso, N pode ser expresso, em função de M, como:

a) $N = 15\sqrt{M} - 4$

b) $N = \dfrac{15}{4 - M^2}$

c) $N = 4 - 15M$

d) $N = \sqrt{15M - 4}$

e) $N = \dfrac{M^2 - 4}{15}$

263. Para que o resultado de $\sqrt{360}.\sqrt{50.A}$ seja um número natural, um valor que A pode assumir é:

a) 2

b) 3

c) 4

d) 5

e) 6

264. O número $\sqrt{4001}$ localiza-se na reta numérica entre os números:

a) 20 e 21   b) 40 e 45

c) 60 e 70   d) 200 e 220

e) 400 e 420

265. A média aritmética dos pesos de dezenove pessoas que entraram num elevador é igual a 70 kg. Se entrar mais uma pessoa, que pesa 82 kg, a nova média dos pesos das vinte pessoas, em kg, será igual a:

a) 80,2   b) 76,3

c) 72,0   d) 71,2

e) 70,6

266. Escrito na base 10, o número x é igual a 177. O número x escrito na base 2 é igual a:

a) 10001111   b) 11110001

c) 10001101   d) 10010101

e) 10110001

267. A média aritmética obtida a partir de um conjunto de 10 números é M. Se acrescentarmos dois números, a e b, a esse conjunto, a nova média será:

a) $\dfrac{10a + 10b + M}{12}$ b) $\dfrac{a + b + 10M}{12}$

c) $\dfrac{a + b + M}{12}$ d) $\dfrac{a + b + M}{3}$ e) $\dfrac{a + b + 10M}{3}$

268. Agenor está fazendo um curso de especialização. O curso é dividido em módulos e cada módulo tem um certo número de créditos, dependendo da importância do módulo. O coeficiente de rendimento do aluno é a média ponderada das notas por ele obtidas nos respectivos módulos, tendo como pesos os créditos correspondentes. A tabela a seguir apresenta as notas obtidas por Agenor e o número de créditos de cada módulo:

Módulo	Nº de Créditos	Nota
I	4	6,0
II	5	7,0
III	5	8,0
IV	3	6,0
V	3	6,0
VI	5	9,0

O coeficiente de rendimento de Agenor no curso é igual a:

a) 6,4   b) 6,8

c) 7,0   d) 7,2

e) 7,6

269. Numa família há três moças e dois rapazes. As idades das moças são 10, 15 e 20 anos; e as idades dos rapazes são 16 e 25 anos. Calcule a razão entre a média aritmética das idades das moças e a média geométrica das idades dos rapazes.

a) 3/4   b) 3/5

c) 3/6   d) 3

e) 3/9

270. Dos candidatos inscritos em um concurso, sabe-se que:

• 54% são do sexo masculino;

• 3 184 deles têm mais de 30 anos;

• 32% do número de mulheres têm idades menores ou iguais a 30 anos;

• 1 620 homens têm mais de 30 anos.

Nessas condições, o total de candidatos com idades menores ou iguais a 30 anos é:

a) 1564
b) 1636
c) 1728
d) 1816
e) 1924

271. Em uma turma de 60 alunos, 11 jogam xadrez, 3 mulheres jogam xadrez e 36 são homens ou jogam xadrez. Qual a porcentagem de mulheres que não jogam xadrez em relação à turma?

a) 40%
b) 20%
c) 24%
d) 30%
e) 45%

272. Uma pessoa, ao preencher um cheque, trocou o algarismo das dezenas com o das centenas e, por isso, pagou R$ 180,00 a mais. Sabendo-se que a soma dos algarismos trocados é igual a 10, qual era o algarismo das dezenas no cheque?

a) 2   b) 3

c) 4   d) 5

e) 6

273. Num ônibus viajam 2 passageiros sentados em cada banco e 26 passageiros em pé. Se sentassem 3 passageiros em cada banco, ficariam 2 bancos vazios. Quantos passageiros viajam nesse ônibus?

a) 80   b) 90

c) 64   d) 70

e) 76

274. Uma torneira enche um tanque de 2,60 m de comprimento, 2,20 m de largura e 80 cm de altura em 5 horas de funcionamento ininterrupto. Uma outra torneira enche o mesmo tanque em 4 horas de funcionamento ininterrupto. O tanque, estando inicialmente vazio, abre-se a primeira torneira e, uma hora depois, abre-se a segunda torneira. Em quanto tempo o tanque estará cheio, sabendo-se que as torneiras funcionaram ininterruptamente?

a) 2 horas 13 minutos e 20 segundos.

b) 4 horas 30 minutos.

c) 2 horas 46 minutos e 40 segundos.

d) 3 horas 28 minutos.

e) 3 horas.

275. Num edifício de três andares havia 95 pessoas. Sabendo-se que o primeiro andar possui 3 vezes mais que o segundo e que o terceiro possui 2 vezes menos que o primeiro, quantas pessoas havia no 2º andar?

a) 10   b) 15

c) 20   d) 25

276. São precisamente 16h, num relógio de ponteiros que marca horas, minutos e segundos. A que horas exatamente, entre 16 e 17 horas, o ponteiro dos minutos cruzará o das horas?

a) 16 horas e 22 minutos.

b) 16 horas, 21 minutos e 50 segundos.

c) 16 horas, 21 minutos e 49 segundos.

d) 16 horas e 30 minutos.

e) 16 horas e 23 minutos.

277. Se A, B e C fazem uma obra em $\frac{42}{55}$ do dia. A sozinho faz em $2\frac{1}{3}$ dias. B pode fazê-la em $1\frac{5}{9}$ dias. Em quantos dias C poderá fazê-la?

a) $4\frac{1}{5}$ dias   b) $4\frac{1}{3}$ dias

c) $4\frac{1}{2}$ dias   d) N.D.R.

278. Uma pessoa tem duas folhas de cartolina, ambas quadradas e com superfície de 2.304 cm² e 1.296 cm² e deseja recortá-las em quadrados, todos iguais e de maior área possível. O lado de cada quadrado medirá:

a) 10   b) 11

c) 12   d) 13   e) 14

279. No almoxarifado de certa repartição pública há três lotes de pastas iguais: o primeiro com 60, o segundo com 105 e o terceiro com 135 pastas. Um funcionário deve empilhá-las, colocando cada lote de modo que, ao final de seu trabalho, ele tenha obtido pilhas com igual quantidade de pastas. Nestas condições, o menor número de pilhas que ele poderá obter é:

a) 3   b) 15

c) 20   d) 60

e) 100

280. Um sitiante vendeu ao primeiro de seus fregueses a metade e meia das maçãs do seu pomar; ao 2º, a metade das restantes mais meia maçã; ao 3º, metade de quantas ficaram, mais meia e assim por diante. Sabendo-se que o 7º comprador adquiriu metade das frutas que ainda restavam, mais meia, com isto esgotando a mercadoria, pergunta-se: quantas maçãs possuía o sitiante?

a) 128   b) 127

c) 126   d) 125

e) 129

281. Um caramujo encontra-se no pé de um muro de 12 m de altura. Sabendo-se que durante o dia ele sobe 3 m e durante a noite desce 2 m, quantos dias levará o caramujo para chegar ao topo do muro?

a) 9 dias   b) 12 dias

c) 10 dias   d) 9 dias e meio

e) 11 dias

282. Usando dois tipos de bronze, um com 62% e o outro com 70% de cobre, pretende-se obter uma tonelada de um novo tipo de bronze com exatamente 65% de cobre. Para isto deve-se usar:

a) 700 quilos do primeiro tipo e 300 quilos do segundo.

b) 725 quilos do primeiro tipo e 275 quilos do segundo.

c) 625 quilos do primeiro tipo e 375 quilos do segundo.

d) 650 quilos do primeiro tipo e 350 quilos do segundo.

e) 800 quilos do primeiro tipo e 200 quilos do segundo.

283. Uma costureira A faz 40 blusas em 3 dias de 7 h/d e uma outra B, faz o mesmo serviço em 2 dias de 9 h/d. Quantos dias de 7 horas úteis gastam as duas para fazerem juntas, 260 blusas?

a) 8 dias   b) 9 dias

c) 10 dias   d) 11 dias

e) 12 dias

284. Uma expedição científica possuía víveres para 70 dias. Após 28 dias de viagem, a expedição recolhe mais 20 homens que se encontravam perdidos na floresta e em virtude da escassez de alimentos, tiveram que retornar com 8 dias de antecedência. De quantos homens se compunha a expedição primitiva?

a) 105   b) 85

c) 75   d) 95

e) 65

285. Um grupo de escoteiros saiu em excursão com víveres para 12 dias. Logo após a saída, o grupo resolve prolongar a viagem por mais 6 dias. De quanto se reduzirá a ração diária de cada escoteiro?

a) 1/4   b) 1/2

c) 1/3   d) 1/5

e) 1/6

286. Sabe-se que 4 abacates valem 28 cajus; que 7 cajus valem 15 morangos; que 18 morangos valem 6 mangas; que 8 mangas valem 4 maçãs e que 10 maçãs custam R$ 10,00. Quanto custa 1 dúzia de abacates?

a) R$ 29,99

b) R$ 31,00

c) R$ 30,00

d) R$ 29,00

287. Paula comprou três tipos diferentes de bombons: 84 bombons de cereja, 70 bombons de café e 98 bombons de chocolate branco. Ela pretende montar caixas de bombons de forma que em cada uma haja exatamente o mesmo número de bombons de cada tipo, sem que haja sobras de bombons. Se Paula preparou o maior número possível de caixas de bombons, em cada uma delas encontramos um total de bombons igual a:

a) 9   b) 18

c) 36   d) 90

e) 126

288. Se um livro tem 400 páginas numeradas de 1 a 400, quantas vezes o algarismo 2 aparece na numeração das páginas desse livro?

a) 160

b) 168

c) 170

d) 176

e) 180

289. Uma pessoa dispõe apenas de moedas de 5 e 10 centavos, totalizando a quantia de R$ 1,75. Considerando que ela tem pelo menos uma moeda de cada tipo, o total de moedas que ela possui poderá ser no máximo igual a:

a) 28

b) 30

c) 34

d) 38

e) 40.

290. Certas bactérias se multiplicam tão rapidamente que seu número dobra a cada minuto. Em um pedaço de casca, elas se multiplicam de tal maneira que em 57 minutos já encheram-na totalmente. Em quantos minutos encheriam a metade da casca?

a) 28,5

b) 29

c) 30

d) 56

e) 45

291. Era um verme tão pequeno que quase sumia, começando do chão, no tronco subia. E usando de toda energia, à noite, 4 metros para cima fazia, mas de dia 2 metros descia. Após 12 noites, a subida teve fim. Diga baixinho, só pra mim, qual era a altura da árvore do jardim?

a) 48m   b) 24m

c) 22m   d) 26m

e) 25m

292. Em um restaurante, comprando-se três sanduíches, a 10 reais cada, ganha-se um, de graça. Se 45 sanduíches foram consumidos, quanto dinheiro foi gasto?

a) 270   b) 340

c) 450   d) 300

e) 400

293. Num jogo de cara ou coroa, você tem inicialmente 5 reais. A cada jogada, se você ganhar, recebe 1 real e, se perder, paga 1 real. Ao final de 3 jogadas, determine o somatório de todas as possíveis quantias em dinheiro que você terá no final.

a) 6   b) 8

c) 25   d) 38

e) 40

294. Considere 3 cidades A, B e C. Ligando as cidades A e B, há 7 linhas de ônibus e, ligando as cidades B e C há 6 linhas. Não há ligação entre A e C. Determine o número de modos de se ir de ônibus de A a C, e em seguida, voltar para A.

a) 26
b) 84
c) 1260
d) 680
e) 1764

295. Numa cidade, os números de telefones são formados de 8 algarismos sendo os 4 primeiros correspondentes ao prefixo de uma estação telefônica. Quantos telefones existem com o prefixo 3258?

a) 10.000
b) 11.000
c) 13.000
d) 15.000
e) 18.000

296. Quantos números de 5 algarismos distintos há em nosso sistema de numeração?

a) 20.000
b) 25.000
c) 27.500
d) 27.216
e) 31.000

297. Quantos dígitos seriam necessários para escrever todos os números de 1, 2, 3 e 4 algarismos?

a) 38.890
b) 38.889
c) 39.000
d) 99.999
e) 40.000

298. Quantos números ímpares de 5 algarismos, distintos, há em nosso sistema de numeração?

a) 13.440   b) 15.000

c) 15.440   d) 16.000

e) 17.000

299. De quantos modos podemos pintar 7 casas enfileiradas, dispondo de 4 cores, sendo que cada casa é pintada de uma só cor e duas vizinhas não são pintadas com a mesma cor?

a) 2.000   b) 2. 916

c) 3.500   d) 4.000

e) 4.316

300. Dispõe-se de 3 livros, 5 cadernos e 8 canetas para se distribuir entre dois estudantes. Todos os objetos devem ser distribuídos, mas não há necessidade de uma divisão equânime. De quantos modos isto pode ser feito?

a) 200   b) 250

c) 270   d) 216

e) 316

RACIOCÍNIO QUANTITATIVO
(PRINCÍPIO FUNDAMENTAL DA CONTAGEM)

301. Dispondo de 10 bolas, 7 apitos e 12 camisas, de quantos modos esses objetos podem ser distribuídos entre duas pessoas, de modo que cada uma receba ao menos 3 bolas, 2 apitos e 4 camisas?

a) 100   b) 200   c) 300

d) 350   e) 400

302. Um torneio é disputado por 18 equipes em turno e returno, ou seja, cada equipe joga duas vezes com cada uma das demais. O número total de jogos desse torneio é igual a:

a) 212   b) 264   c) 294

d) 306   e) 612

303. Esta série de palavras segue uma regra lógica: TRENS, MALAS, MAIOR. Das palavras seguintes, qual poderá continuar a série?

a) PARTI   b) AULAS   c) CALMA

d) BOIÃO   e) MENOR

304. Uma propriedade comum reúne esta família de palavras: ASSASSINO, TORREFACÇÃO, HORRÍSSONO, REEMPOSSAR, COOSSIFICAÇÃO, DESSOTERRAR e POSSESSÃO. Entre as palavras que se seguem, qual possui a mesma propriedade?

a) MASSAGEM   b) ARROMBAR   c) ACCIONISTA

d) ASSESSOR   e) PROCESSO

305. Esta série de palavras segue uma lógica: MARCA, BARBUDO, CRUCIAL, DARDO, FRENTE, FRIFOR, GIGANTE. Qual das palavras seguintes pode continuar a série?

a) FRACASSO b) PLURAL c) DESTINO

d) CARRO e) HULHA

306. Uma garrafa e uma rolha custam R$11,00 quando vendidas juntas. Se vendidas separadamente, a garrafa custará R$10,00 a mais que a rolha. Quanto custa a rolha?

a) R$0,50 b) R$0,60 c) R$1,00

d) R$1,50 e) R$0,90

307. Se $2^n + 2^{-n} = 5$, qual o valor de $4^n + 4^{-n}$?

a) 20 b) 21 c) 22

d) 23 e) 24

308. Sem efetuar as potências, calcule o valor de $6547798639^2 - 6547798638^2$.

309. As pessoas que assistiram a uma reunião apertaram-se as mãos. Uma delas notou que os cumprimentos foram 171. Quantas pessoas compareceram à reunião?

a) 16 b) 18 c) 19

d) 21 e) 17

310. Newton e Arquimedes, meus dois filhos mais velhos, disputaram um torneio de xadrez durante o qual jogaram 18 partidas. Se Newton tivesse jogado 2 partidas a mais do que jogou, teria jogado tantas vezes quanto Arquimedes. Quantas vezes cada um jogou? Considere N = Newton e A = Arquimedes.

a) N=12 A=6   b) N=11 A=7   c) N=10 A=8

d) N=9 A=9   e) N=8 A=10

311. Numa garagem há 43 veículos automotores, entre motos e automóveis. Quantos veículos, entre automóveis e motos, há nessa garagem, sabendo-se que foram contados um total de 160 pneus? (Nota: não foram levados em conta os pneus estepes).

a) 37 autos e 06 motos

b) 40 autos e 03 motos

c) 36 autos e 07 motos

d) 35 autos e 08 motos

e) 33 autos e 10 motos

312. Que horas são se $\frac{5}{9}$ do que resta do dia é igual a $\frac{5}{27}$ do que já passou?

a) 12h   b) 13h   c) 14h

d) 17h   e) 18h

313. Há 8 anos a idade de um pai era o triplo da idade do filho. Daqui a 12 anos a idade do pai será o dobro da idade do filho. Quais são as suas idades?

a) 68 e 28   b) 69 e 29   c) 67 e 27

d) 60 e 20   e) 59 e 19

314. Atualmente a soma das idades de um casal é 91 anos a mais que a soma das idades de seus 9 filhos. Daqui a quantos anos a soma das idades dos filhos será igual à soma das idades dos pais?

a) 15   b) 11   c) 12

d) 13   e) 14

315. Três fontes correm para um tanque. A primeira e a segunda, correndo simultaneamente, enchem-no em $5\frac{5}{23}$ h; a primeira e a terceira em $5\frac{5}{7}$ h; a segunda e a terceira em $8\frac{4}{7}$ h. Em quanto tempo cada uma das fontes, sozinhas, encherá o tanque?

a) 8, 15 e 20h   b) 9, 16 e 21h   c) 7, 14 e 19h

d) 6, 13 e 18h   e) 10, 17 e 22h

316. Um ônibus com velocidade média de 80km/h sai de Aracaju com destino à Maceió; ao mesmo tempo, parte de Maceió com destino à Aracaju outro ônibus com velocidade média de 72km/h. A que distância de Aracaju os dois veículos se cruzarão, se a distância entre as duas capitais é de 304km?

a) 160km   b) 130km   c) 150km

d) 120km   e) 110km

317. Dois trens partem, um de Recife para Aracaju, às 8 horas, com velocidade média de 32km/h, outro às 10 horas, de Aracaju para Recife, com velocidade média de 55km/h. Sabendo que a distância entre as duas cidades é de 499km, pergunta-se: a que horas e a que distância de Aracaju os dois trens vão se encontrar?

a) 13h b) 14h c) 15h
d) 16h e) 17h

GABARITO:

238	239	240	241	242
A	D	E	B	B
243	244	245	246	247
CERTO	CERTO, ERRADO, ERRADO.	ERRADO, ERRADO	E	E
248	249	250	251	252
C	D	A	A	D
253	254	255	256	257
D	D	B	A	D
258	259	260	261	262
D	C	B	C	D
263	264	265	266	267
D	C	E	E	B
268	269	270	271	272
D	A	D	A	E
273	274	275	276	277
B	C	B	C	A
278	279	280	281	282
C	C	B	D	C

283	284	285	286	287
B	B	C	C	B
288	289	290	291	292
E	C	D	D	B
293	294	295	296	297
E	E	A	D	B
298	299	300	301	302
A	B	D	A	D
303	304	305	306	307
D	D	E	A	D
308	309	310	311	312
R = 13095597277	C	E	A	E
313	314	315	316	317
A	D	A	C	C

QUESTÕES DA PROVA DO TJ/CE (AUX. JUD.)

318. Um recipiente com capacidade de 12m³ tem $\frac{3}{5}$ de sua capacidade preenchida por um certo líquido. Quantos litros desse líquido serão necessários para completá-lo?

a) 3.600   b) 3.800   c) 4.800

d) 7.200   e) 7.400

319. Se um menino faltar, as meninas da classe serão o dobro dos meninos. Se em vez disso, faltarem 11 meninas, haverá o mesmo número de meninos e meninas na classe. O número de meninos nessa classe é de:

a) 11   b) 13   c) 20

d) 22   e) 25

320. João fez $\frac{5}{8}$ de um trabalho em 15 dias. O resto do trabalho fez com auxílio de Pedro em 5 dias. Em quantos dias Pedro, trabalhando sozinho, poderia fazer esse trabalho?

a) 35   b) 30   c) 24
d) 20   e) 18

321. Foi elaborada uma prova com 39 questões. Na primeira parte da prova havia X questões valendo 3 pontos cada; na segunda parte havia Y questões valendo 2 pontos cada. A prova toda valia 100 pontos. A quantidade de questões da primeira parte era de:

a) 22   b) 21   c) 20
d) 19   e) 17

322. $\frac{7}{8}$ de certa quantia vale R$910,00. Essa quantia foi repartida entre 3 pessoas. A 1ª recebeu $\frac{1}{4}$, a 2ª, $\frac{2}{5}$ e a 3ª pessoa, o resto. A 3ª pessoa recebeu a importância de quantos reais?

a) R$416,00   b) R$364,00   c) R$318,50
d) R$260,00   e) R$227,50

323. Dois trabalhadores podem fazer um trabalho em 15 e 18 dias, respectivamente, trabalhando sozinhos. Com o auxílio de um terceiro podem fazê-lo em 6 dias. Em quanto tempo o terceiro trabalhador pode fazer o serviço trabalhando sozinho?

a) 20 dias   12 horas
b) 20 dias   22 horas
c) 22 dias   12 horas
d) 22 dias   22 horas
e) 24 dias   22 horas

324. A distância entre a cidade A e a cidade B é de 72cm num mapa cuja escala é $\frac{1}{50.000}$. Assim, a distância real entre essas duas cidades é de:

a) 3,6km   b) 7,2km   c) 14,4km

d) 36km   e) 72km

325. Certa firma comprou 30% do seu estoque de feijão no Rio Grande do Sul, 20% no Estado do Paraná, 15% em São Paulo e 595 sacas no Estado da Bahia. Quantas sacas de feijão foram compradas no Estado de São Paulo?

a) 255   b) 340   c) 510

d) 595   e) 1.105

326. Uma pessoa comprou um terreno por R$8.000,00. Pagou em taxas comissões e escrituras no valor de R$860,00. Por quanto deve vendê-lo para lucrar 30% sobre o preço de custo?

a) R$10.400,00   b) R$10.658,00   c) R$11.286,00

d) R$11.518,00   e) R$12.404,00

327. O capital de R$3.000,00 foi colocado a juros simples, a uma taxa de 4% ao ano, durante 5 anos. O capital de R$5.400,00 foi colocado a juros simples durante o mesmo tempo. Esses dois capitais, após correção dos juros respectivos, dão números que estão como 1 está para 3. A que taxa o capital de R$5.400,00 esteve colocado?

a) 2%   b) 2,5%   c) 3%

d) 20%   e) 25%

GABARITO

318	319	320	321	322	323	324	325	326	327
C	B	B	A	B	C	D	A	D	D

QUESTÕES DA PROVA DO TJ/CE (TEC. JUD.)

328. Um tambor cheio de óleo pesa 2.000hg e totalmente vazio pesa 150.000dg. Admitindo que a capacidade do tambor seja de 20dal, o peso de um litro do conteúdo é de (em gramas):

a) 925 b) 905 c) 910

d) 915 e) 920

329. Um reservatório constituído de um paralelepípedo reto, de 60 decímetros de comprimento, 300 centímetros de largura e 0,5 decâmetros de altura, contém óleo de milho em 3/4 de sua capacidade. Tendo sido retirados, posteriormente, 800 dm³ de óleo do recipiente e, em seguida, 2,2m³, restaram no reservatório (em litros):

a) 65.700 b) 64.500 c) 64.700

d) 65.100 e) 65.300

330. Em um mapa, cuja escala não aparece, pois foi rasurada, a distância entre as cidades A e B é de 20cm. Sendo a distância real entre essas cidades é de 90km, a escala utilizada nesse mapa é de:

a) 1:460.000 b) 1:400.000 c) 1:420.000

d) 1:430.000 e) 1:450.000

331. Antônio, Carlos e Paulo ganharam na loteria o prêmio de R$12.600,00. O prêmio deverá ser rateado de maneira diretamente proporcional à contribuição de cada um no jogo. Tendo Antônio desembolsado R$400,00, Carlos R$300,00 e Pedro R$200,00, ao primeiro caberá o valor de:

a) 5.500,00   b) 5.300,00   c) 5.600,00

d) 5.400,00   e) 5.800,00

332. Doze (12) trabalhadores cavam uma vala em 24 dias, em um turno de 6 horas por dia. Pretende-se construir uma nova vala igual à primeira, mas devido ao menor grau de compactação do solo, o trabalho apresenta um grau de dificuldade igual ao anterior. Nessas condições, em 18 dias, com um turno de 8 horas diárias, o número de trabalhadores necessário será de:

a) 11   b) 7   c) 8

d) 9   e) 10

333. Mário e João constituíram uma empresa, com capitais de R$50.000,00 e R$70.000.00, respectivamente. Sabendo que, na distribuição do lucro anual apurado, um recebeu R$2.500,00 a mais que o outro, coube a Mário a quantia de:

a) 7.000,00   b) 6.100,00   c) 6.250,00

d) 6.500,00   e) 6.750,00

334. Ana foi a uma loja e comprou um conjunto de som, pagando à vista R$357,00. Sabendo que nessa transação Ana obteve um desconto de 15% sobre o preço de tabela, o valor do desconto obtido por Ana foi de:

a) 60,00   b) 63,00   c) 57,00

d) 58,00   e) 61,00

335. Um capitalista dispunha de um capital que foi aplicado a juros comerciais simples de 24% a.a., durante 90 dias. Após o prazo, o montante apurado foi reaplicado por mais 60 dias, a uma taxa de 3% a.m., no mesmo regime de capitalização. Sabendo que o novo montante, finda a segunda aplicação, foi de R$269.664,00, o primeiro capital do capitalista era de:

a) 240.000,00   b) 228.000,00   c) 230.000,00

d) 235.000,00   e) 237.000,00

336. O montante de R$5.000,00 esteve aplicado por 12 meses, no regime de juros compostos, com capitalização mensal, gerando um montante de R$8.005,16. Nessas condições, a taxa de juros mensais foi de (%):

a) 6   b) 2   c) 3

d) 4   e) 5

337. Márcia aplicou em um banco R$3.200,00, a juros compostos, pelo prazo de 1 ano e meio, recebendo juros de R$2.206,33, ao final do prazo. A taxa de juros anual, com capitalização bimestral, dessa aplicação, é de (%):

a) 42   b) 18   c) 24

d) 30   e) 36

GABARITO

328	329	330	331	332	333	334	335	336	337
A	B	E	C	D	C	B	A	D	E

QUESTÕES DA PROVA DO TRE/CE (TEC. JUD.)

338. Uma Repartição Pública recebeu 143 microcomputadores e 104 impressoras para distribuir a algumas de suas seções. Esses aparelhos serão divididos em lotes, todos com igual quantidade de aparelhos. Se cada lote deve ter um único tipo de aparelho, o menor número de lotes formados deverá ser:

a) 8   b) 11   c) 19

d) 20   e) 21

339. Do total X de funcionários de uma repartição pública que fazem a condução de veículos automotivos, sabe-se que $\frac{1}{5}$ efetuam o transporte de materiais e equipamentos e $\frac{2}{3}$ do número restante, o transporte de pessoas. Se os demais 12 funcionários estão temporariamente afastados de suas funções, então X é igual a:

a) 90   b) 75   c) 60

d) 50   e) 45

340. Ao fazer a manutenção dos 63 microcomputadores de certa empresa, um funcionário observou que a razão entre o número de aparelhos que necessitavam de reparos e o número dos que não apresentavam defeitos era, nessa ordem, $\frac{2}{7}$. Nessas condições, é verdade que o número de aparelhos com defeitos era:

a) 3   b) 7   c) 14

d) 17   e) 21

341. Dois técnicos judiciários foram incumbidos de catalogar alguns documentos, que dividiram entre si em partes inversamente proporcionais aos seus respectivos tempos de serviço no cartório da seção onde trabalham. Se o que trabalha há 12 anos deverá catalogar 36 documentos e o outro que trabalha há 9 anos, então o total de documentos que ambos deverão catalogar é:

a) 76   b) 84   c) 88

d) 94   e) 96

342. Uma impressora tem capacidade para imprimir 14 páginas por minuto, em preto, e 10 páginas por minuto, em cores. Quanto tempo outra impressora levaria para imprimir um texto com 210 páginas, em preto, e 26 páginas, em cores, se sua capacidade de operação é igual a 80% da capacidade da primeira?

a) 16min 45s   b) 20min   c) 21min 25s

d) 22min   e) 24min 30s

343. Suponha que, em uma eleição, apenas dois candidatos concorressem ao cargo de governador. Se um deles obtivesse 48% do total de votos e o outro, 75% do número de votos recebidos pelo primeiro, então, do total de votos apurados nessa eleição, os votos não recebidos pelos candidatos correspondem a:

a) 16%   b) 18%   c) 20%

d) 24%   e) 26%

344. Do total de inscritos em um certo concurso público, 62,5% eram do sexo feminino. Se, foram aprovados 42 homens e este número corresponde a 8% dos candidatos do sexo masculino, então o total de pessoas que se inscreveram nesse concurso é:

a) 1700 b) 1680 c) 1600

d) 1540 e) 1400

345. Um capital de R$2.500,00 foi aplicado a juros simples e, ao final de 1 ano e 3 meses, o montante produzido era R$3.400,00. A taxa mensal dessa aplicação foi de:

a) 2,5% b) 2,4% c) 2,2%

d) 1,8% e) 1,5%

▸ **ATENÇÃO**: Considere o seguinte enunciado para responder às questões de números **346** e **347**.

Em uma livraria foi montado um serviço de utilização de microcomputadores. O usuário paga uma taxa fixa de R$1,50, acrescida de R$2,50 por hora. Fração de hora é cobrada como hora inteira.

346. A quantia a ser desembolsada por uma pessoa que utilize em algum dia esse serviço, das 12h50min às 16h15min, será:

a) R$11,50 b) R$11,00 c) R$10,00

d) R$9,50 e) R$9,00

347. Um usuário que dispõe apenas de R$20,00, pode utilizar esse serviço por, no máximo:

a) 10 horas   b) 9 horas   c) 8 horas

d) 7 horas   e) 6 horas

348. Alguns técnicos judiciários de certo cartório eleitoral combinaram dividir igualmente entre si um total de 84 processos a serem arquivados. Entretanto, no dia em que o serviço deveria ser executado, dois deles faltaram ao trabalho e, assim, coube a cada um dos presentes arquivar 7 processos a mais que o previsto. Quantos processos cada técnico arquivou?

a) 14   b) 18   c) 21

d) 24   e) 28

349. Uma empresa de prestação de serviços usa a expressão p(x) = $-x^2 + 80x + 5$, em que 0 < x < 80, para calcular o preço, em reais, a ser cobrado pela manutenção de x aparelhos em um mesmo local. Nessas condições, a quantia máxima cobrada por essa empresa é:

a) R$815,00   b) R$905,00   c) R$1.215,00

d) R$1.605,00   e) R$1.825,00

350. O tampo de uma mesa tem a forma de um quadrado cujo lado mede 120cm. Se ele deve ser revestido por um material que custa R$18,50 o metro quadrado, a quantia mínima a ser desembolsada para se executar esse serviço é:

a) R$26,64   b) R$25,86   c) R$24,48

d) R$22,20   e) R$20,16

351. Certo dia, Jairo comentou com seu colega Luiz: "Hoje eu trabalhei o equivalente a 4/9 do dia, enquanto você trabalhou apenas o equivalente a 7/20 do dia." Com base nessa informação, quanto tempo Jairo trabalhou a mais que Luiz?

a) 1h50min   b) 2h 16min   c) 2h48min

d) 3h14min   e) 3h36min

GABARITO

338	339	340	341	342	343	344
C	E	C	B	D	A	E
345	346	347	348	349	350	351
B	A	D	C	D	A	B

QUESTÕES DE RACIOCÍNIO QUANTITATIVO (PRINCÍPIO DAS GAVETAS)

352. O Princípio das Gavetas de Dirichlet afirma que: "se n objetos forem colocados em no máximo n-1 gavetas, então pelo menos uma das gavetas conterá pelo menos dois objetos". Assinale a única alternativa na qual consta uma afirmação decorrente do Princípio das Gavetas de Dirichlet.

a) Em um grupo com 51 pessoas nascidas em 2007 pelo menos 2 nasceram em uma mesma semana.

b) Em um grupo de 36 pessoas pelo menos 4 têm um mesmo signo zodiacal, dentre os 12 existentes.

c) Em um grupo com 31 pessoas nascidas em agosto pelo menos 2 nasceram em um mesmo dia.

d) Em um grupo com 8 pessoas pelo menos 2 nasceram em um mesmo dia da semana.

e) Em um grupo com 11 pessoas pelo menos 2 nasceram em um mesmo mês.

353. Em uma repartição pública que funciona de 2ª a 6ª feira, 11 novos funcionários foram contratados. Em relação aos contratados, é necessariamente verdade que:

a) Todos fazem aniversário em meses diferentes.

b) Ao menos dois fazem aniversário no mesmo mês.

c) Ao menos dois começaram a trabalhar no mesmo dia do mês.

d) Ao menos três começaram a trabalhar no mesmo dia da semana.

e) Algum começou a trabalhar em uma segunda-feira.

GABARITO

352	353
D	D

QUESTÕES DE RACIOCÍNIO QUANTITATIVO NO ESTILO NCE/RJ

354. Gumercindo comprou um lote que tinha a forma de um triângulo isósceles de lados 400 m, 250 m e 250 m. Ele está pensando em dividir seu terreno em quatro lotes, como mostra a figura:

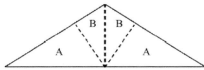

Na figura, as linhas tracejadas representam alturas dos respectivos triângulos e indicam o planejamento de Gumercindo para a divisão do lote que resultará, evidentemente, em dois lotes maiores de mesma área A e dois lotes menores de mesma área B. A razão A/B é então igual a:

a) 10/7 b) 12/5 c) 14/8

d) 16/9 e) 9/5

355. De cada vértice de um hexágono regular saem três diagonais, como mostra a figura:

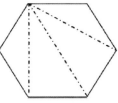

O número total de diagonais de um hexágono é então igual a:

a) 18 b) 16 c) 12

d) 9 e) 6

356. Para descer alguns objetos da janela de um apartamento à rua, dois garotos fizeram uma brincadeira: fixaram a ponta de uma corda na janela e a outra no chão da rua a uma distância de 7 metros da base do prédio. Através de uma cesta que deslizava na corda, desciam os objetos. Sabendo que a janela deste apartamento está a uma altura de 24 metros do chão e desconsiderando os nós que terão que dar, o tamanho mínimo da corda que os garotos deverão utilizar é de:

a) 17 m
b) 25 m
c) 31 m
d) 38 m
e) 45 m

357. O retângulo ABCD da figura abaixo tem 10 cm² de área. Foi desenhado nele o quadrilátero MNOP, tal que MO // BC e PN // AB. Se recortamos MNOP, a área que restará do retângulo é:

a) 2,5 cm²
b) 4 cm²
c) 5 cm²
d) 7,5 cm²

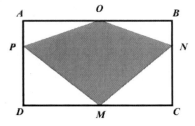

e) não há dados suficientes para calcular o seu valor

358. Na figura abaixo, PQ é o diâmetro da circunferência. O valor de α + β é:

a) 60º
b) 90º
c) 120º
d) 180º
e) 360º

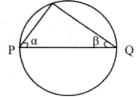

359. Um silo para armazenar grãos possui a forma de um cilindro de raio 30 m e altura 50 m com uma semi-esfera no topo, conforme a figura abaixo. A capacidade desse silo é de:

a) 1500π m³

b) 45000π m³

c) 63000π m³

d) 76000π m³

e) 90000π m³

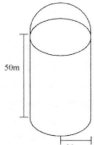

360. Para determinar a altura de um morro, um topógrafo mediu os ângulos α e β indicados na figura abaixo (a figura não está em escala) em pontos distantes 100 m um do outro. Sabendo-se que tanα = 3,5 e tanβ = 4,0, a altura do morro é de :

a) 700 m

b) 1400 m

c) 1800 m

d) 2800 m

e) 2900 m

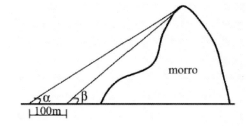

361. Uma caixa de fósforos tem 1 cm de altura e o comprimento tem 2 cm mais que a largura, Se o volume caixa é de 24 cm, o comprimento da caixa, em metros:

a) 0,04   b) 0,05   c) 0,06

d) 0,10   e) 0,12

362. Os vértices do triângulo PRF da figura representam, respectivamente, uma papelaria, uma relojoaria e uma farmácia, estando as distâncias representadas em metro:

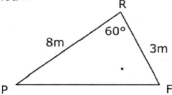

A distância entre a papelaria e a farmácia, em km, é:

a) 0,0007   b) 0,007   c) 0,07

d) 0,7   e) 7,0

363. Um artista plástico pretende fazer uma obra que apresentará três esferas, cada uma com 10 cm de raio, dispostas, uma sobre a outra, no interior de uma peça cilíndrica transparente cujo interior tem 20 cm de diâmetro e 60 cm de altura. O artista vai preencher o espaço que ficará vazio no interior do cilindro, depois de postas as esferas, com um líquido translúcido. O volume a ser preenchido com o líquido, em cm^3, vale, aproximadamente:

a) 1.260   b) 3.570   c) 4.240

d) 5.350   e) 6.280

GABARITO

354	355	356	357	358
D	D	B	C	B
359	360	361	362	363
C	D	C	B	E

QUESTÕES DE RACIOCÍNIO QUANTITATIVO
ESTILO CESPE/UNB

364. (CESPE – Banco do Brasil – 2001 – Escriturário)

TEXTO

O Brasil vai crescer menos

O ritmo de crescimento da economia brasileira desacelerou mais rápido ante o previsto. No segundo trimestre deste ano, o Produto Interno Bruto (PIB) – que mede a produção de riquezas do país – foi inferior ao do período de janeiro a março. Isso interrompe a seqüência de expansão que vinha sendo registrada desde o segundo trimestre de 1999. No semestre, o país cresceu 2,49%. Esse resultado, divulgado pelo instituto Brasileiro de Geografia e Estatística (IBGE), contraria todas as previsões do mercado, que esperava uma expansão de 3% na comparação com 2000.

O mau desempenho da economia é resultado do aumento dos juros e das turbulências no mercado de câmbio provocados pela crise argentina. Além disso, em maio, pouco antes de fechar o trimestre, o país deparou-se com a escassez de energia.

Surpreendido pelo PIB do segundo trimestre, o mercado financeiro se prepara para rever suas projeções para este ano.

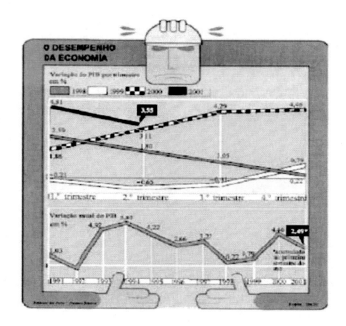

Os gráficos acima ilustram as variações do PIB brasileiro. O gráfico superior, intitulado "Variação do PIB por trimestre", representa a taxa acumulada do PIB nos últimos quatro trimestres (em relação aos quatro trimestres imediatamente anteriores).

Os dados apresentados no gráfico acima, para o período de 1999 a 2001, permitem modelar a variação anual do PIB brasileiro por uma função quadrática do tipo $f(x) = ax^2 + bx + c$, em que x é o tempo, em anos, transcorrido desde 1999. Considerando que, para essa modelagem, sejam usados os valores aproximados $f(0) = 0,8$; $f(1) = 4,5$ e $f(1,5) = 2,5$, julgue os itens seguintes.

❶ a+b+c é menor que 5.

❷ No plano cartesiano de coordenadas x0y, o gráfico da função $y = f(x)$ é um arco de parábola de concavidade voltada para baixo.

❸ De acordo com o modelo, a variação anual do PIB brasileiro seria negativa ao final de 2001.

❹ De acordo com o modelo, a variação anual do PIB brasileiro seria máxima no primeiro trimestre de 2000.

❺ Supondo que o PIB brasileiro continue crescendo, o modelo proposto não seria adequado para um período muito longo de tempo.

GABARITO: 1C, 2C, 3C, 4E, 5C.

Texto para questão 365

DICA DE SEGURANÇA: SAIBA MAIS SOBRE O CÓDIGO DE ACESSO

O código de acesso consiste em uma seqüência de três letras distintas do alfabeto, gerada automaticamente pelo sistema e informada ao cliente. Para efetuar transações a partir de um terminal de auto-atendimento, esse código de acesso é exigido do cliente pessoa física, conforme explicado a seguir.

É apresentada ao cliente uma tela em que as 24 primeiras letras do alfabeto estão agrupadas em 6 conjuntos disjuntos de 4 letras cada. Para entrar com a primeira letra do seu código de acesso, o cliente deve selecionar na tela apresentada o único conjunto de letras que a contém. Após essa escolha, um novo agrupamento das 24 primeiras letras do alfabeto em 6 novos conjuntos é mostrado ao cliente, que deve então selecionar o único conjunto que inclui a segunda letra do seu código. Esse processo é repetido para a entrada da terceira letra do código de acesso do cliente. A figura abaixo ilustra um exemplo de uma tela com um possível agrupamento das 24 primeiras letras do alfabeto em 6 conjuntos.

365. (BB_Escriturário_UnB/CESPE 2003) Com base nessas informações, julgue os itens a seguir.

❶ Considerando que o BB tenha 15,6 milhões de clientes pessoa física e que todos possuam um código de acesso como descrito acima, conclui-se que mais de 1.000 clientes do BB possuem o mesmo código de acesso.

❷ Utilizando-se as 24 primeiras letras do alfabeto, é possível formar um conjunto de 4 letras distintas de mais de 10.000 maneiras diferentes.

❸ Para um cliente do BB chamado Carlos, a probabilidade de que todas as letras do seu código de acesso sejam diferentes das letras que compõem o seu nome é inferior a 0,5.

❹ Para um cliente do BB chamado Carlos, a probabilidade de que todas as letras do seu código de acesso estejam incluídas no conjunto das letras que formam o seu nome é inferior a 0,01.

❺ Suponha que uma pessoa observe atentamente um cliente do BB enquanto este digita o seu código de acesso. Suponha ainda que ela observe que os três conjuntos de letras em que aparecem o código do cliente são disjuntos e, tendo memorizado esses três conjuntos de letras, na ordem em que foram escolhidos, faça um palpite de qual seria o código de acesso do cliente. Nessas condições, a probabilidade de que o palpite esteja certo é inferior a 0,02.

GABARITO: 1C, 2C, 3C, 4C, 5C.

Texto para questão 366

Em 1º/8/2002, Lúcio investiu R$ 20.000,00 distribuídos entre os investimentos oferecidos pelo BB relacionados na tabela:

aplicação	rendimento (em %)		
	jun./2003	jul./2003	1.º/8/2002 a 1.º/8/2003
BB fix básico	1,7	1,8	20,0
BB fix private	2,0	2,2	25,0
poupança	0,9	1,0	10,0
BB ações PETROBRAS	-2,8	8,2	40,0
BB ações EMBRAER	20,0	-1,4	-10,0

366. (BB_Escriturário_UnB/CESPE 2003) Com base nessas informações e considerando que as aplicações acima tenham capitalização mensal, julgue os itens seguintes.

❶ Se, em 1º/6/2003, o saldo de Lúcio no BB ações PETROBRAS era de R$ 5.000,00, admitindo que não tenha sido feito qualquer depósito ou retirada dessa aplicação, em 1º/8/2003 ele teria nesse investimento um montante superior a R$ 5.300,00.

❷ Considerando $1,2^4 = 2$, se, no período de 1º/8/2003 a 1º/8/2004, o investimento BB ações EMBRAER apresentar rendimento mensal igual ao verificado no mês de junho de 2003, então, em 1º/8/2004, um capital ali aplicado em 1º/8/2003 seria aumentado em mais de 10 vezes.

❸ Considerando que no período de 1º/8/2002 a 1º/8/2003 houve uma inflação de 8%, o rendimento real do investimento BB ações PETROBRAS nesse período foi de exatamente 32%.

❹ De acordo com os dados da tabela, é correto concluir que, em algum dos meses do período de 1º/8/2002 a 1º/8/2003, a taxa de rendimento do BB fix básico foi negativa.

❺ Se Lúcio investiu x reais no BB fix básico, y reais na poupança e z reais no BB ações EMBRAER em 1º/8/2002, então, relativamente a esses três depósitos, ele teria em 1º/8/2003 o montante atualizado de 1,2x + 1,1y + 0,9z reais.

❻ Considere que em 1º/8/2002 Lúcio tenha investido R$ 10.000,00 nos fundos BB ações PETROBRAS e BB ações EMBRAER. Para que no período de 1º/8/2002 a 1º/8/2003 ele não tenha acumulado prejuízo nessa parcela do seu investimento, ele teria que ter investido no BB ações PETROBRAS pelo menos R$ 2.000,00.

❼ Considere que, em 1º/8/2002, Lúcio tenha distribuído os seus R$ 20.000,00 igualmente entre todas as opções de investimento citadas. Nessa situação, em 1º/8/2003, ele teria recebido, a título de rendimentos, mais de R$ 3.000,00.

❽ Considere que a quantia que Lúcio investiu no BB fix básico tenha sido a mesma que ele investiu no BB ações PETROBRAS, e que a quantia investida na poupança tenha sido a mesma que ele aplicou no BB ações EMBRAER. Nessas condições, sabendo que, ao final de 1 ano, Lúcio possuía **M** reais no conjunto de investimentos formado pelo BB fix básico e pela poupança e **N** reais no conjunto formado pelo BB ações PETROBRAS e BB ações EMBRAER, é correto concluir que Lúcio originalmente investiu reais na poupança.

GABARITO: 1E, 2E, 3E, 4E, 5C, 6C, 7C, 8C.

Texto para questão 367

BB LUCRA MAIS DE R$ 1 BILHÃO NO 1º SEMESTRE DE 2003

O lucro líquido do BB no 1º semestre de 2003 foi de R$ 1.079 milhões, valor 30% superior ao registrado no 2º semestre de 2002. Esse resultado deve-se à expansão da base de clientes para 16,7 milhões e ao aumento das receitas de serviços e controle de custos. Os principais destaques do período estão relacionados a seguir.

◘ O patrimônio líquido do BB totalizou R$ 10,2 bilhões e os ativos totais, R$ 204 bilhões, registrando-se, em relação ao 1º semestre de 2002, crescimentos de 36% e 20%, respectivamente.

◘ De 1º/7/2002 a 30/6/2003, o BB aumentou significativamente o seu número de clientes, tanto clientes pessoa física quanto pessoa jurídica. A evolução do número de clientes do BB é mostrada no gráfico a seguir, em que os valores referem-se ao final de cada trimestre correspondente.

◘ A carteira de crédito cresceu 20% nos primeiros seis meses de 2003, atingindo o montante de R$ 72 bilhões. Merecem destaque as operações relacionadas ao agro-negócio, que, nesse período, cresceram 65%.

◘ Para a agricultura familiar e os micro e pequenos produtores rurais foram concedidos R$ 659 milhões de crédito com recursos do PRONAF, PROGER Rural e Banco da Terra e Reforma Agrária.

◘ Nos seis primeiros meses de 2003, as operações do proex-financiamento alavancaram as exportações em US$ 112,8 milhões, contemplando 170 exportadores, sendo 140 de pequeno ou médio porte.

◘ De 1º/1/2003 a 30/6/2003, as captações de mercado totalizaram R$ 140 bilhões, divididas entre depósitos à vista, depósitos a prazo, depósitos em caderneta de poupança, depósitos interfinanceiros e captações no mercado aberto. Desses, R$ 20 bilhões foram depósitos à vista e R$ 25 bilhões foram depósitos em cadernetas de poupança. O montante captado em depósitos a prazo correspondeu a 10 vezes o captado como depósitos interfinanceiros, enquanto as captações no mercado aberto totalizaram 4/5 do montante captado em depósitos a prazo.

367. (BB_Escriturário_UnB/CESPE 2003) Acerca das informações apresentadas no texto anterior e dos temas a ele correlatos, julgue os itens a seguir.

❶ No segundo semestre de 2002, o lucro líquido do BB foi inferior a R$ 800 milhões.

❷ No final do primeiro semestre de 2002, o patrimônio líquido do BB correspondia a mais de 5% dos ativos totais.

❸ De 1º/7/2002 a 30/6/2003, o BB conseguiu 2,2 milhões de novos clientes, na sua maioria pessoas físicas.

❹ Do primeiro para o segundo trimestre de 2003, o crescimento percentual do número de clientes pessoa jurídica do BB foi superior ao crescimento percentual do número de clientes pessoa física.

❺ No primeiro semestre de 2003, a média diária de obtenção de novos clientes no BB foi inferior a 5.000.

❻ A moda e a mediana da seqüência numérica formada pelo número de clientes pessoa jurídica do BB em cada final de trimestre representado no gráfico são iguais.

❼ Considerando que, de janeiro a junho de 2003, não tenha havido decrescimento em qualquer uma das operações que compõem a carteira de crédito do BB, é correto concluir que, nesse período, as operações relacionadas ao agronegócio totalizaram menos de R$ 32 bilhões.

❽ Suponha que os exportadores citados no penúltimo tópico do texto sejam classificados como de pequeno, médio ou grande porte. Nessa situação, os dados apresentados no texto são suficientes para se concluir que mais de 50% dos exportadores são de médio porte.

❾ De acordo com as informações do último tópico do texto, no primeiro semestre de 2003, o montante captado em depósitos a prazo foi inferior à soma daquele captado em depósitos à vista e em depósitos em cadernetas de poupança.

❿ No primeiro semestre de 2003, as captações no mercado aberto corresponderam a 80% do montante captado em depósitos a prazo.

GABARITO: 1E, 2E, 3C, 4C, 5E, 6C, 7E, 8E, 9E, 10C.

Texto para questão 368

VOLUME DE CHEQUES SEM FUNDOS TEM ALTA EM MAIO, REVELA ESTUDO NACIONAL DA SERASA

Levantamento da SERASA revela que foi recorde o número de cheques devolvidos por falta de fundos (17,6 a cada mil compensados) em maio de 2003. A alta foi superior a 18% em relação ao mesmo mês do ano passado. No quinto mês de 2002, foram registrados 14,9 cheques devolvidos a cada mil compensados. Em maio de 2003, o total de cheques sem fundos também bateu recorde: 3,27milhões.

Internet: <http://www.serasa.com.br>. Acesso em 15/6/2003 (com adaptações).

368. (BB_Escriturário_UnB/CESPE 2003) Com base nessas informações, julgue os itens que se seguem.

❶ Em maio de 2003, foram compensados menos de 180 milhões de cheques.

❷ Supondo-se que a taxa de devolução de cheques caia 10% de maio de 2003 para junho de 2003, a probabilidade de que um cheque escolhido aleatoriamente no universo de cheques compensados no mês de junho de 2003 seja devolvido é superior a 1%.

❸ Nos primeiros 5 meses de 2003, a cada 1.000 cheques compensados foram devolvidos, em média, 15,1 cheques.

❹ O desvio padrão da série numérica formada pelos números de cheques devolvidos a cada 1.000 compensados no último quadrimestre de 2002 é superior ao do primeiro quadrimestre de 2003.

❺ Os dados do gráfico são suficientes para garantir que o total de cheques devolvidos em março de 2003 foi superior ao total de cheques devolvidos no mês anterior.

GABARITO: 1E, 2C, 3E, 4E, 5E.

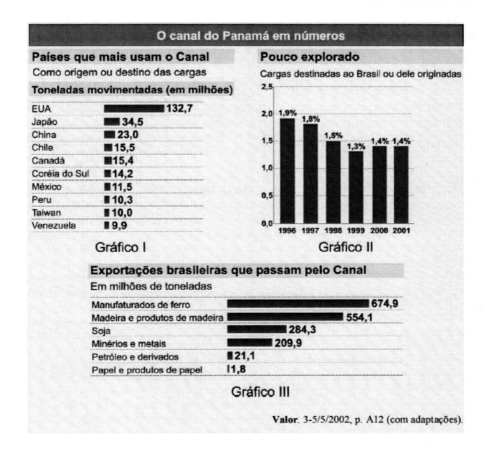

369. (BB_Escriturário_CESPE/UnB 2002) Com base nas informações acima, relativas ao canal do Panamá, julgue os itens seguintes.

❶ O desvio padrão da série numérica formada pelos totais de toneladas movimentadas pelos países listados no gráfico I seria maior se dela fosse excluído o valor correspondente aos EUA.

❷ A partir dos dados apresentados no gráfico II, é correto afirmar que o volume total de cargas destinadas ao Brasil ou dele originadas e que passaram pelo canal do Panamá em 2001 foi inferior ao de 1998.

❸ No período mostrado no gráfico II, a mediana da série numérica formada pelos percentuais de cargas destinadas ao Brasil ou dele originadas, que passaram pelo canal do Panamá, é maior que a moda dessa série.

❹ A seguinte sentença está gramaticalmente correta e traduz coerentemente informações do gráfico III: entre as exportações brasileiras que passam pelo canal em milhões de toneladas por ano as de soja corresponde a mais da metade da exportação de madeira e menos da metade da exportação de manufaturados de ferro.

❺ O gráfico de setores abaixo poderia representar corretamente as informações dadas no gráfico III.

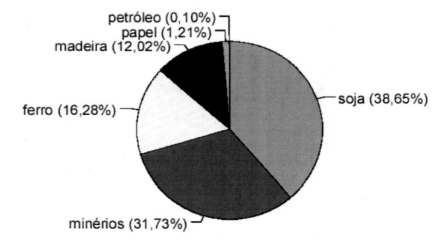

GABARITO: 1E, 2E, 3C, 4E, 5E.

Texto para questão 370

No tocante à embriaguez, o CTB estabelece o seguinte:

CAPÍTULO XV
DAS INFRAÇÕES

Art. 161. Constitui infração de trânsito a inobservância de qualquer preceito deste Código, da legislação complementar ou das resoluções do CONTRAN, sendo o infrator sujeito às penalidades e medidas administrativas indicadas em cada artigo, além das punições previstas no Capítulo XIX.
(...)

Art. 165. Dirigir sob a influência de álcool, em nível superior a seis decigramas por litro de sangue, ou de qualquer substância entorpecente ou que determine dependência física ou psíquica:
Infração – gravíssima;
Penalidade – multa (cinco vezes) e suspensão do direito de dirigir
Medida administrativa – retenção do veículo até a apresentação de condutor habilitado e recolhimento do documento de habilitação.

A tabela abaixo ilustra o nível máximo de alcoolemia – presença de álcool no sangue – aceitável para os motoristas em alguns países.

PAÍS	ALCOOLEMIA LEGAL
Alemanha	0,5 mg/mL
Áustria	0,8 g/L
EUA	0,1 g/100 mL
França	0,8 mg/mL
Holanda	0,5 mg/mL
Inglaterra	8 mg/100 mL

370. Com base nas informações do texto e no CTB, julgue os itens a seguir

❶ A alcoolemia legal na Inglaterra é oito vezes a dos EUA.

❷ O condutor de um automóvel poderia ser considerado impedido de dirigir veículo automotor no Brasil, mas estar legalmente apto a dirigir nos EUA.

❸ A alcoolemia legal da Holanda está para a da Áustria, assim como a da Alemanha está para a da França.

❹ Se o condutor de um veículo no Brasil for flagrado, por um agente de trânsito, dirigindo sob a influência de álcool em nível igual a 0,001 kg por dm3 de sangue, ele estará sujeito ao pagamento de multa no valor de 900 UFIR.

❺ O gráfico abaixo representa corretamente a alcoolemia legal, em g/L, praticada pelos países listados na tabela do texto.

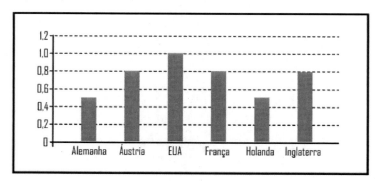

GABARITO: 1E, 2C, 3C, 4C, 5E.

371. O número de cadeias distintas de 14 caracteres que podem ser formadas apenas com as letras da palavra Papiloscopista é inferior a 108. (E)

372. Considere a seguinte situação hipotética.

Uma grande empresa cataloga seus bens patrimoniais usando códigos formados por uma cadeia de 6 caracteres, sendo três letras iniciais, escolhidas em um alfabeto de 26 letras, seguidas de 3 dígitos, cada um escolhido no intervalo de 0 a 9, não se permitindo códigos com 3 letras iguais e(ou) 3 dígitos iguais.

Nessa situação, a empresa dispõe de até 10^7 códigos distintos para catalogar seus bens. (E)

Um líder criminoso foi morto por um de seus quatro asseclas: A, B, C e D. Durante o interrogatório, esses indivíduos fizeram as seguintes declarações.

• A afirmou que C matou o líder.

• B afirmou que D não matou o líder.

• C disse que D estava jogando dardos com A quando o líder foi morto e, por isso, não tiveram participação no crime.

• D disse que C não matou o líder.

Considerando a situação hipotética apresentada acima e sabendo que três dos comparsas mentiram em suas declarações, enquanto um deles falou a verdade, julgue os itens seguintes.

373. A declaração de C não pode ser verdadeira. (C)

374. D matou o líder. (C)

Texto para as questões 375 a 377.

Sejam P e Q variáveis preposicionais que podem ler valorações, ou serem julgadas verdadeiras (V) ou falsas (F). A partir dessas variáveis, podem ser obtidas novas proposições, tais como: a proposição condicional, denotada por P→Q, que será F quando P for V e Q for F, ou V, nos outros casos; a disjunção de P e Q, denotada por P ∨ Q, que será F somente quando P e Q forem F, ou V nas outras situações; a conjunção de P e Q, denotada por P ∧ Q, que será V somente quando P e Q forem V, e, em outros casos, será F, e a negação de P, denotada por ¬P, que será F se P for V e será V se P for F. Uma tabela de valorações para uma dada proposição é um conjunto de possibilidades V ou F associadas a essa proposição.

A partir das informações do texto acima, julgue os itens subseqüentes:

375. As tabelas de valorações das proposições P ∨ Q e Q→¬P são iguais. (E)

376. As proposições (P ∨ Q)→S e (P→S)∨(Q→S) possuem tabelas de valorações iguais. (E)

377. O número de tabelas de valorações distintas que podem ser obtidas para proposições com exatamente duas variáveis proposicionais é igual a 2^4. (C)

Denomina-se contradição uma proposição que é sempre falsa. Uma forma de argumentação lógica considerada válida é embasada na regra da contradição, ou seja, no caso de uma proposição ¬R verdadeira (ou R verdadeira), caso se obtenha uma contradição, então conclui-se que R é verdadeira (ou ¬R é verdadeira). Considerando essas informações e o texto de referência, e sabendo que duas proposições são equivalentes quando possuem as mesmas valorações, julgue os itens que se seguem.

378. De acordo com a regra da contradição, P→Q é verdadeiro quando ao supor P∧¬Q verdadeira, obtém-se uma contradição. (C)

Na lógica sentencial, denomina-se proposição uma frase que pode ser julgada como verdadeira (V) ou falsa (F), mas não, como ambas. Assim, frases como "Como está o tempo hoje?" "Esta frase é falsa" não são proposições porque a primeira é pergunta e a segunda não pode ser nem V nem F. As proposições são representadas simbolicamente por letras maiúsculas do alfabeto — A, B, C etc. Uma proposição da forma "A ou B" é F se A e B forem F, caso contrário é V; e uma proposição da forma "Se A então B" é F se A for V e B for F, caso contrário é V. Um raciocínio lógico considerado correto é formado por uma seqüência de proposições tais que a última proposição é verdadeira sempre que as proposições anteriores na seqüência forem verdadeiras.

379. Considerando as informações contidas no texto acima, julgue os itens subseqüentes.

(1) É correto o raciocínio lógico dado pela seqüência de proposições seguintes:

Se Antônio for bonito ou Maria for alta, então José será aprovado no concurso.

Maria é alta.

Portanto José será aprovado no concurso. (C)

(2) É correto o raciocínio lógico dado pela seqüência de proposições seguintes:

Se Célia tiver um bom currículo, então ela conseguirá um emprego.

Ela conseguiu um emprego.

Portanto, Célia tem um bom currículo. (E)

(3) Na lista de frases apresentadas a seguir, há exatamente três proposições.

"A frase dentro destas aspas é uma mentira."

A expressão X + Y é positiva.

O valor de $\sqrt{4}+3=7$

Pelé marcou dez gols para a seleção brasileira.

O que é isto? (E)

Na lógica de primeira ordem, uma proposição é funcional quando é expressa por um predicado que contém um número finito de variáveis e é interpretada como verdadeira (V) ou falsa (F) quando são atribuídos valores às variáveis e um significado ao predicado. Por exemplo, a proposição "Para qualquer x, tem-se que x > 2 > 0" possui interpretação V quando x é um número real maior do que 2 e possui interpretação F quando x pertence, por exemplo, ao conjunto {–4, –3, –2, –1, 0}.

380. Com base nessas informações, julgue os próximos itens.

(1) A proposição funcional "Para qualquer x, tem-se que $x^2 > x$" é verdadeira para todos os valores de x que estão no conjunto $\left\{5, \dfrac{5}{2}, 3, \dfrac{3}{2}, 2, \dfrac{1}{2}\right\}$. (E)

(2) A proposição funcional "Existem números que são divisíveis por 2 e por 3" é verdadeira para elementos do conjunto {2, 3, 9, 10, 15, 16}. (E)

No livro Alice no País dos Enigmas, o professor de matemática e lógica Raymond Smullyan apresenta vários desafios ao raciocínio lógico que têm como objetivo distinguir-se entre verdadeiro e falso. Considere o seguinte desafio inspirado nos enigmas de Smullyan.

Duas pessoas carregam fichas nas cores branca e preta. Quando a primeira pessoa carrega a ficha branca, ela fala somente a verdade, mas, quando carrega a ficha preta, ela fala somente mentiras. Por outro lado, quando a segunda pessoa carrega a ficha branca, ela fala somente mentira, mas, quando carrega a ficha preta, fala somente verdades.

381. Com base no texto acima, julgue o item a seguir.

(1) Se a primeira pessoa diz "Nossas fichas não são da mesma cor" e a segunda pessoa diz "Nossas fichas são da mesma cor", então, pode-se concluir que a segunda pessoa está dizendo a verdade. (C)

382. Julgue os itens que se seguem quanto a diferentes formas de contagem.

(1) Considere que o BB tenha escolhido alguns nomes de pessoas para serem usados em uma propaganda na televisão, em expressões do tipo Banco do Bruno, Banco da Rosa etc. Suponha, também, que a quantidade total de nomes escolhidos para aparecer na propaganda seja 12 e que, em cada inserção da propaganda na TV, sempre apareçam somente dois nomes distintos. Nesse caso, a quantidade de inserções com pares diferentes de nomes distintos que pode ocorrer é inferior a 70. (C)

(2) Há exatamente 495 maneiras diferentes de se distribuírem 12 funcionários de um banco em 3 agências, de modo que cada agência receba 4 funcionários. (E)

(3) Se 6 candidatos são aprovados em um concurso público e há 4 setores distintos onde eles podem ser lotados, então há, no máximo, 24 maneiras de se realizarem tais lotações. (E)

(4) Considere que um decorador deva usar 7 faixas coloridas de dimensões iguais, pendurando-as verticalmente na vitrine de uma loja para produzir diversas formas. Nessa situação, se 3 faixas são verdes e indistinguíveis, 3 faixas são amarelas e indistinguíveis e 1 faixa é branca, esse decorador conseguirá produzir, no máximo, 140 formas diferentes com essas faixas. (C)

383. (CESPE/UnB) Considere que em um escritório trabalham 11 pessoas: 3 possuem nível superior, 6 têm o nível médio e 2 são de nível fundamental. Será formada, com esses empregados, uma equipe de 4 elementos para realizar um trabalho de pesquisa. Com base nessas informações, julgue os itens seguintes, acerca dessa equipe.

A. ( ) Se essa equipe for formada somente com empregados de nível médio e fundamental, então essa equipe poderá ser formada de mais de 60 maneiras distintas. (C)

B. ( ) Se essa equipe incluir todos os empregados de nível fundamental, então essa equipe poderá ser formada de mais de 40 maneiras distintas. (E)

C. ( ) Formando-se a equipe com dois empregados de nível médio e dois de nível superior, então essa equipe poderá ser formada de, no máximo, 40 maneiras distintas. (E)

384. (CESPE/UnB) A senha de acesso a uma conta em determinado banco é fornada por 7 símbolos alfanuméricos: 3 letras, escolhidas entre as 26 do alfabeto, seguidas de 4 dígitos numéricos, escolhidos entre os algarismos 0, 1, 2, ..., 9. Considerando essas informações e que, para a formação de uma senha, admite-se a repetição de símbolos, julgue o seguinte item.

A. ( ) A quantidade de senhas distintas que podem ser obtidas sem que apareça o algarismo 5 na primeira posição reservada aos algarismos é inferior a 100 milhões. (E)

385. (CESPE/UnB) Para a codificação de processos, o protocolo utiliza um sistema com cinco símbolos, sendo duas letras de um alfabeto com 26 letras e três algarismos, escolhidos entre os de 0 a 9. Supondo que as letras ocupem sempre as duas primeiras posições, julgue os itens que se seguem.

A. ( ) O número de processos que podem ser codificados por esse sistema é superior a 650.000. (C)

B. ( ) O número de processos que podem ser codificados por esse sistema utilizando-se letras iguais nas duas primeiras posições do código é superior a 28.000. (E)

C. ( ) O número de processos que podem ser codificados por esse sistema de modo que em cada código não haja repetição de letras ou de algarismos é superior a 470.000. (E)

386. (CESPE/UnB) Apesar de toda controvérsia relativa às usinas nucleares, muito países dependem da fusão nuclear para gerar energia elétrica. Atualmente, 17 países geram em usinas nucleares mais de um quarto do total da energia elétrica que consomem. Entre esses países está a França, onde 76,4% de toda a energia elétrica consumida vem de usinas nucleares. Por questões de segurança, os reatores nucleares são colocados em prédios especialmente construídos. No Brasil, o reator de Angra II foi colocado em um prédio com a forma apresentada na figura a seguir:

Considerando essas afirmações e que os "17 países" mencionados no texto formem uma associação presidida por um conselho composto por cinco delegados de países distintos, julgue o item que se segue.

A. ( ) A partir de um conjunto de 17 delegados, um de cada país, pode-se compor o conselho de 17 x 14 x 13 x 2 maneiras distintas. (C)

387. (CESPE/UnB) O teclado virtual é uma forma mais segura para você informar sua senha de auto-atendimento (senha de oito algarismos), clicando com o mouse o teclado virtual na tela do computador, via Internet, em qualquer lugar onde você estiver. O BB sempre utilizou a mais avançada tecnologia para atender seus clientes na Internet, nunca tendo sido registrado um ataque bem-sucedido aos computadores do banco

Considerando essas informações e com relação à segurança de dados em operações bancárias, julgue os itens subseqüentes.

A. (   ) Uma vez que é permitida a repetição de algarismos para a formação da senha de auto-atendimento, é possível formar-se, no máximo, 8! senhas de auto-atendimento distintas. (E)

B. (   ) Considere que uma empresa decida abrir uma conta no BB para todos os seus empregados, mas solicite de todos eles que os quatro primeiros algarismos das suas senhas sejam, nessa ordem, 2, 0, 0, 2. Nessa situação, o número de senhas de auto-atendimento distintos que poderiam ser formadas pelos empregados dessa empresa é igual à metade do número de senhas de auto-atendimento que poderiam ser formadas sem a restrição imposta para os dígitos iniciais. (E)

C. ( ) A quantidade de senhas de auto-atendimento que se consegue formar utilizando-se apenas dois algarismos distintos para preencher as 8 posições é superior a 10.000. (C)

D. ( ) Considere que todos os 50.000 empregados ativos de uma empresa — todos com menos de 100 anos de idade — decidam adotar como senha de auto-atendimento as suas datas de nascimento dia (XX), mês (XX) e ano (XXXX). Nessa situação, conclui-se que pelo menos dois empregados dessa empresa terão senhas de auto-atendimento iguais. (C)

388. (CESPE/UnB) Em geral, empresas púbicas ou privadas utilizam códigos para protocolar a entrada e a saída de documentos e processos. Considere que se deseja gerar códigos cujos caracteres pertencem ao conjunto das 26 letras de um alfabeto, que possui apenas 5 vogais. Com base nessas informações, julgue os itens que se seguem.

A. ( ) Se os protocolos de uma empresa devem conter 4 letras, sendo permitida a repetição de caracteres, então podem ser gerados menos de 400.000 proto-colos distintos. (C)

B. ( ) Se uma empresa decide não usar as 5 vogais em seus códigos, que poderão ter 1, 2 ou 3 letras, sendo permitida a repetição de caracteres, então é possível obter mais de 11.000 códigos distintos. (E)

C. ( ) O número total de códigos diferentes formados por 3 letras distintas é superior a 15.000. (C)

389. (CESPE/UnB - PRF/PROVA BRANCA - 2004) Além das perdas de vidas, o custo financeiro das guerras é astronômico. Por exemplo, um bombardeiro B-2, utilizado pela força aérea norte-americana na guerra do Iraque, tem um custo de R$ 6,3 bilhões. Se esse dinheiro fosse utilizado para fins sociais, com ele seria possível a construção de várias casas populares, escolas e postos de saúde. No Brasil, o custo de construção de uma casa popular, dependendo da sua localização, varia entre R$ 18 mil e R$ 22 mil. O custo de construção de uma escola adicionado ao de um posto de saúde equivale ao custo de construção de 20 casas populares. Além disso, o total de recursos necessários para a construção de duas casas populares e de dois postos de saúde é igual ao custo de construção de uma escola. Com base nesses dados e considerando que o governo brasileiro disponha de um montante, em reais, igual ao custo de um bombardeiro B-2 para a construção de casas populares, escolas ou postos de saúde, julgue os itens que se seguem.

(1) Com esse montante, seria possível construir mais de 280.000 casas populares. (C)

(2) Com o montante referido, seria possível construir, no máximo, 25.000 escolas. (C)

(3) O montante citado seria suficiente para se construir 100.000 casas populares e 30.000 postos de saúde. (C)

(4) O montante mencionado seria suficiente para a construção de 200.000 casas populares, 10.000 postos de saúde e 10.000 escolas. (E)

390. (CESPE/UnB - PRF/PROVA BRANCA - 2004).

Acidentes de trânsito custam R$ 5,3 bilhões por ano

No Brasil, registra-se um alto número de mortes devido a acidentes de trânsito. Além da dor e do sofrimento das vítimas e de seus familiares, a violência no trânsito tem um custo social de R$ 5,3 bilhões por ano, segundo levantamento realizado pelo Instituto de Pesquisa Econômica Aplicada (IPEA), publicado em 2003. Desse total, 30% são devidos aos gastos com saúde e o restante é devido à previdência, à justiça, ao seguro e à infra-estrutura. De acordo com esse levantamento, de janeiro a julho de 2003, os acidentes de trânsito consumiram entre 30% e 40% do que o Sistema Único de Saúde (SUS) gastou com internações por causas externas, resultantes de acidentes e violência em geral. (Internet:<http://noticias.terra.com.br>. Acesso em 10/12/2003 - com adaptações)

Considerando o texto acima e o tema por ele abordado, julgue os itens a seguir.

(1) Do "custo social de R$ 5,3 bilhões por ano" mencionado no texto, R$ 1,59 bilhão foi gasto com saúde.(C)

(2) Supondo que, em 2004, o gasto com cada um dos itens saúde, previdência, justiça, seguro e infra-estrutura seja reduzido em 10%, é correto concluir que o gasto total com o conjunto desses itens, em 2004, será superior a R$ 4,8 bilhões. (E)

(3) Considerando que, de janeiro a julho de 2003, o gasto total do SUS "com internações por causas externas, resultantes de acidentes e violência em geral" tenha sido entre R$ 2 bilhões e R$ 2,5 bilhões, é correto concluir que a parte desse gasto que foi consumida pelos acidentes de trânsito foi superior a R$ 500 milhões e inferior a R$ 1,1 bilhão. (C)

(4) Se os gastos, em reais, com previdência, justiça, seguro e infra-estrutura correspondem, respectivamente, a 25%, 20%, 15% e 10% do "custo social de R$ 5,3 bilhões", citado no texto, então os gastos com saúde, previdência, justiça, seguro e infra-estrutura formam, nessa ordem, uma progressão aritmética de razão igual a R$ 265 milhões. (C)

(5) Se os gastos com saúde, previdência e justiça totalizam 52,5% do "custo social de R$ 5,3 bilhões" e formam, nessa ordem, uma progressão geométrica de razão positiva, então o gasto correspondente à justiça foi superior a R$ 400 milhões. (E)

391. (CESPE/UnB - PRF/PROVA BRANCA - 2004) Considere que a tabela abaixo mostra o número de vítimas fatais em acidentes de trânsito ocorridos em quatro estados brasileiros, de Janeiro a junho de 2003.

Estado em que ocorreu o acidente	Total de vítimas fatais	
	sexo masculino	sexo feminino
Maranhão	225	81
Paraíba	153	42
Paraná	532	142
Santa Catarina	188	42

A fim de fazer um estudo de causas, a PRF elaborou 1.405 relatórios, um para cada uma das vitimas fatais mencionadas na tabela acima, contendo o perfil da vítima e as condições em que ocorreu o acidente. Com base nessas informações, julgue os itens que se seguem, acerca de um relatório escolhido aleatoriamente entre os citados acima.

(1) A probabilidade de que esse relatório corresponda a uma vítima de um acidente ocorrido no Estado do Maranhão è superior a 0,2. (C)

(2) A chance de que esse relatório corresponda a uma vítima do sexo feminino é superior a 23%. (E)

(3) Considerando que o relatório escolhido corresponda a uma vítima do sexo masculino, a probabilidade de que o acidente nele mencionado tenha ocorrido no Estado do Paraná é superior a 0,5. (E)

(4) Considerando que o relatório escolhido corresponda a uma vítima de um acidente que não ocorreu no Paraná, a probabilidade de que ela seja do sexo masculino e de que o acidente tenha ocorrido no Estado do Maranhão é superior a 0,27. (C)

(5) A chance que o relatório escolhido corresponda a uma vítima do sexo feminino ou a um acidente ocorrido em um dos estados da região Sul do Brasil listados na tabela é inferior a 70%. (E)

392. (CESPE/UnB - PRF/PROVA BRANCA - 2004) O gráfico abaixo ilustra o número de acidentes de trânsito nos Estados do Acre, Mato Grosso do Sul, Amazonas, Espírito Santo e Minas Gerais, no ano de 2001. Com base nessas informações, julgue os itens seguintes.

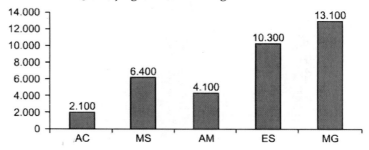

(1) A média aritmética de acidentes de trânsito nos cinco estados citados é superior a 7.000.

(2) Se, no ano de 2004, com relação ao ano de 2001, o número de acidentes de trânsito no Acre crescesse 10%, o do Mato Grosso do Sul diminuísse 20%, o do Amazonas aumentasse 15% e os demais permanecessem inalterados, então a média aritmética da série numérica formada pelo número de acidentes de trânsito em cada estado, em 2004, seria maior que a mediana dessa mesma série.

(3) Se, no ano de 2004, com relação ao ano de 2001, o número de acidentes de trânsito no Acre passasse para 2.500, o número de acidentes de trânsito no Espírito Santo fosse reduzido para 10.000, o de Minas Gerais fosse reduzido para 13.000 e os demais permanecessem inalterados, então o desvio padrão da série numérica formada pelo número de acidentes de trânsito em cada estado em 2004 seria superior ao desvio padrão da série numérica formada pelo número de acidentes de trânsito em cada estado em 2001.

(4) Se, no ano de 2004, com relação ao ano de 2001, o número de acidentes de trânsito em cada um dos estados considerados aumentasse de 1 50, então o desvio padrão da série numérica formada pelo número de acidentes de trânsito em cada estado em 2004 seria superior ao desvio padrão da série numérica formada pelo número de acidentes de trânsito em cada estado em 2001.

GABARITO: 1C, 2C, 3E, 4E.

393. (CESPE/UnB - PRF/PROVA BRANCA - 2004)

O esquema acima e a direita ilustra um radar rodoviário, posicionado no ponto O, a 4 m de distância de uma das bordas de uma rodovia de três faixas retilíneas e paralelas, de 4 m de largura cada. Nesse esquema, a região triangular de vértices O, P1 , e P2 é a área de cobertura do radar. O radar detecta o instante em que o automóvel entra na área de cobertura, em um dos pontos A1 , B1 , A2 , B2 ou C2 , e registra o tempo gasto em cada um desses percursos. Como as distâncias d1 , d2 e d3 são preestabelecidas, o radar calcula a velocidade média desenvolvida pelo veículo nesse percurso, dividindo a distância percorrida pelo tempo gasto para percorrê-la, dependendo da faixa em que o veiculo se encontra. Os pontos A1, B1 e C1, distam 2 m das bordas de cada uma das faixas A, B e C, respectivamente, e os segmentos de reta A1A2, B1B2 e C1C2 são paralelos às bordas da rodovia.

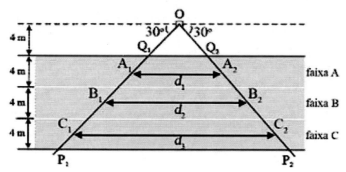

Com base no esquema apresentado e nas condições estabelecidas, julgue os itens a seguir.

(1) O triângulo OP_1P_2 é eqüilátero.

(2) A distância d_1 é inferior a 20 m.

(3) A distância do ponto B_2 ao ponto O é igual a 20 m.

(4) Os valores d_1 e d_3 satisfazem à equação $7d_1 - 3d_3 = 0$.

(5) A área da parte da rodovia que está dentro da área de cobertura do radar, que tem como vértices os pontos P_1, P_2, Q_2 e Q_1, é igual a $200\sqrt{3}$ m².

(6) Se um automóvel, deslocando-se pela faixa B, leva 2 s para percorrer o trajeto correspondente ao segmento $B_1 B_2$, então a sua velocidade média nesse percurso é inferior a 60 km/h.

(7) Considere que três veículos, deslocando-se pelas faixas A, B e C com velocidades v_A, v_B e v_C, respectivamente, passem simultaneamente pelos pontos A_1, B_1 e C_1 e, logo em seguida, passem, simultaneamente, pelos pontos A_2, B_2 e C_2. Nessas condições, é correto afirmar que $v_A / v_B = v_B / v_C$.

GABARITO: 1E, 2E, 3C, 4C, 5E, 6E, 7E.

394. (CESPE/UnB) Conta-se na mitologia grega que Hércules, em um acesso de loucura, matou sua família. Para expiar seu crime, foi enviado à presença do rei Euristeu, que lhe apresentou uma série de provas a serem cumpridas por ele, conhecidas como Os doze trabalhos de Hércules. Entre esses trabalhos, encontram-se: matar o leão de Neméia, capturar a corça de Cerinéia e capturar o javali de Erimanto.

Considere que a Hércules seja dada a escolha de preparar uma lista colocando em ordem os doze trabalhos a serem executados, e que a escolha dessa ordem seja totalmente aleatória. Além disso, considere que somente um trabalho seja executado de cada vez. Com relação ao número de possíveis listas que Hércules poderia preparar, julgue os itens subseqüentes.

(1) O número máximo de possíveis listas que Hércules poderia preparar é superior a 12 × 10! (C)

(2) O número máximo de possíveis listas contendo o trabalho "matar o leão de Neméia" na primeira posição é inferior a 240 × 990 × 56 × 30. (C)

(3) O número máximo de possíveis listas contendo os trabalhos "capturar a corça de Cerinéia" na primeira posição e "capturar o javali de Erimanto" na terceira posição é inferior a 72 × 42 × 20 × 6. (E)

(4) O número máximo de possíveis listas contendo os trabalhos "capturar a corça de Cerinéia" e "capturar o javali de Erimanto" nas últimas duas posições, em qualquer ordem, é inferior a 6! × 8! (C)

395. (CESPE/UnB) Considere que as letras P, Q, R e T representem proposições e que os símbolos ¬, ∧, ∨, e → sejam operadores lógicos que constroem novas proposições e significam não, e, ou e então, respectivamente. Na lógica proposicional, cada proposição assume um único valor (valor-verdade), que pode ser verdadeiro (V) ou falso (F), mas nunca ambos.

Com base nas informações apresentadas no texto acima, julgue os itens a seguir.

(1) Se as proposições P e Q são ambas verdadeiras, então a proposição (¬ P) ∨ (¬ Q) também é verdadeira. (E)

(2) Se a proposição T é verdadeira e a proposição R é falsa, então a proposição R → (¬ T) é falsa. (C)

(3) Se as proposições P e Q são verdadeiras e a proposição R é falsa, então a proposição (P∧R) → (¬ Q) é verdadeira. (E)

396. (CESPE/UnB) Considere as sentenças abaixo.

(I) Fumar deve ser proibido, mas muitos europeus fumam.

(II) Fumar não deve ser proibido e fumar faz bem à saúde.

(III) Se fumar não faz bem à saúde, deve ser proibido.

(IV) Se fumar não faz bem à saúde e não é verdade que muitos europeus fumam, então fumar deve ser proibido.

(V) Tanto é falso que fumar não faz bem à saúde como falso que fumar deve ser proibido; conseqüentemente, muitos europeus fumam.

Considere também que P, Q, R e T representem as sentenças listadas na tabela a seguir.

P	Fumar deve ser proibido.
Q	Fumar deve ser encorajado.
R	Fumar não faz bem a saúde.
T	Muitos europeus fumam.

Com base nas informações acima e considerando a notação introduzida no texto, julgue os itens seguintes.

(1) A sentença I pode ser corretamente representada por P ∧ (¬T). (E)

(2) A sentença II pode ser corretamente representada por (¬P) ∧ (¬R). (C)

(3) A sentença III pode ser corretamente representada por R → P. (C)

(4) A sentença IV pode ser corretamente representada por (R ∧ (¬ T)) → P. (C)

(5) A sentença V pode ser corretamente representada por T → ((¬ R) ∧ (¬ P)). (E)

397. (CESPE/UnB)

Condenados, mas fora da cadeia

As penas alternativas foram criadas em 1984 para beneficiar réus primários que não oferecem risco à sociedade. Em vez de serem sentenciados à prisão, eles são punidos com a prestação de serviços comunitários ou com a doação de cestas básicas. A regra foi feita para desafogar o sistema carcerário, mas só passou a ser aplicada com freqüência a partir de meados da década passada. A tabela abaixo mostra algumas informações, relativas aos anos de 1995 e 2006, a respeito do assunto.

condenados a penas alternativas		participação no total de condenações	alguns crimes punidos com penas alternativas	o que facilitou sua aplicação
1995	80.000	O número de condenados que cumprem essas penas equivale a 75% do total de presos.	crimes contra a honra, pequenos furtos, atropelamentos, alguns tipos de estelionato, uso de drogas, lesões corporais leves	Extensão do benefício para condenados a até 4 anos de cadeia. Antes, o limite era de apenas um ano.
2006	301.496			Criação de mais de 200 núcleos para fiscalizar o cumprimento dessas penas. Em 1995, eram só 4.

Contexto. *In:* Veja, n.º 2.022, 22/8/2007, p. 43 (com adaptações).

Tendo o texto acima como referência, julgue os seguintes itens.

(1) Considere-se que existiam, em 2006, 223 núcleos para fiscalizar o cumprimento das penas alternativas. Nessa situação, em 2006, cada um desses núcleos fiscalizava, em média, 1.352 condenados a penas alternativas. (C)

(2) Suponha-se que, até o final deste ano de 2007, existirão 292 núcleos para fiscalizar o cumprimento das penas alternativas e que esse número tenha crescido de forma linear desde 1995. Nesse caso, no ano x, tal que $1995 \leq x \leq 2007$, a quantidade y desses núcleos é obtida pela expressão: $y = 24(x - 1995) + 4$. (C)

(3) Considere-se que, a partir de 1995, as quantidades de condenados a penas alternativas formem, ano a ano, uma progressão aritmética. Nesse caso, no ano 2000, havia mais de 180.500 condenados a penas alternativas. (C)

(4) Infere-se da tabela apresentada acima que, em 1995, havia mais de 110.000 presos nas cadeias e penitenciárias brasileiras. (E)

(5) Considere-se que, entre os condenados a penas alternativas em 2006, 1/4 está sendo punido por crimes contra a honra, 1/8, por furto e 1/13, por uso de drogas. Nessa situação, menos da metade dos condenados a penas alternativas em 2006 praticaram outros crimes cuja punição é a pena alternativa. (E)

398. (CESPE/UnB) Cada um dos itens que se seguem contém uma situação, hipotética ou não, relativa a proporções, regras de três, porcentagens, médias e juros simples, seguida de uma assertiva a ser julgada.

(1) Nos dois primeiros bimestres letivos do ano, a média aritmética das notas de Pedro na disciplina de matemática foi igual a 7, sendo que a nota no primeiro bimestre foi 6,5. Nessa situação, se a nota de Pedro em matemática, no primeiro bimestre, tivesse peso 2 e, no segundo bimestre, peso 3, então a média ponderada de suas notas na referida disciplina, nesses dois bimestres, seria igual a 7,1. (C)

(2) Um indivíduo fez um empréstimo à taxa de juros simples de 5% ao mês, durante 12 meses, e, ao final desse período, o total de juros dessa operação somou R$ 720,00. Nessa situação, o valor do empréstimo foi inferior a R$ 1.100,00. (E)

(3) Em um supermercado, o doce de pêssego é vendido em embalagens de diversos pesos e o preço é diretamente proporcional ao peso estampado na embalagem. Nessa situação, se uma lata de 200 g de doce de pêssego custa R$ 3,40, então uma lata de 470 g desse mesmo doce custa mais de R$ 8,00. (E)

(4) O preço das passagens dos ônibus urbanos de uma cidade passou de R$ 1,90 para R$ 2,40, e os guardas municipais, que tinham salário de R$ 866,00, solicitaram ao prefeito um reajuste salarial na mesma proporção do aumento das passagens de ônibus. Nessa situação, se a solicitação for atendida, o salário dos guardas municipais terá um aumento superior a R$ 234,00. (E)

(5) A caixa d'água de uma residência tem a forma de um cilindro circular reto de 1 m de raio e 2 m de altura. O consumo médio de água dos moradores dessa residência em um mês de 30 dias é de 47 m^3. Nessa situação, considerando $\pi = 3,14$, se a caixa d'água estiver cheia, não houver abastecimento e o consumo ocorrer dentro da média mensal, então os moradores dessa residência terão água por pelo menos 4 dias. (C)

(6) Em uma distribuidora de bebidas, o refrigerante em lata é vendido em embalagens que contêm 6 ou 12 latas. O preço da lata independe da quantidade de latas em cada embalagem. Com R$ 38,40, é possível comprar 8 embalagens que contêm, cada uma, 6 latas de refrigerante. Nessas circunstâncias, com R$ 115,00, é possível comprar mais de 12 embalagens que contêm, cada uma, 12 latas de refrigerante. (E)

(7) Segundo o Edital nº 17 – PMES, de 13/8/2007, o candidato aprovado neste concurso, quando for admitido no curso de formação, terá um vencimento bruto de R$ 758,01 e, após a conclusão do referido curso com aproveitamento, será graduado como soldado A, quando seu vencimento passará a ser de R$ 1.281,22. Nesse momento, seu vencimento terá um aumento superior a 65%. (C)

399. (CESPE/UnB) Julgue os itens que se seguem, a respeito de equações algébricas, equações e funções polinomiais de 1º e de 2º graus, progressões aritméticas e geométricas.

(1) Considere a seguinte situação hipotética.

Em uma penitenciária que albergava 1.000 detentos, foi traçado um plano de fuga. Para que os fugitivos não fossem pegos pelos policiais que faziam a ronda do lado de fora, as fugas aconteceram em intervalos de 15 minutos, da seguinte forma: à 0 hora de domingo, 1 detento fugiu; 15 minutos depois, 3 detentos fugiram, à 0 hora e 30 minutos, outros 5 detentos fugiram, e assim sucessivamente. Quando restavam 424 detentos ainda dentro da penitenciária se preparando para a fuga, o plano foi descoberto e nenhum destes conseguiu se evadir.

Nessa situação, o último conjunto de detentos que conseguiu se evadir era formado por mais de 50 elementos. (E)

(2) Considere a seguinte situação hipotética.

Foram feitas transferências de presidiários para uma penitenciária, recém-inaugurada, de acordo com o seguinte cronograma: 1 detento chegou na primeira transferência, 2 detentos chegaram na segunda transferência; na terceira, chegaram 4 detentos, e assim sucessivamente, de modo que, a cada nova transferência, chegava uma quantidade de detentos que era sempre igual ao dobro da que chegou na transferência anterior.

Nessa situação, se nenhum dos detentos que chegou deixou a penitenciária e se essa penitenciária tem capacidade máxima para 1.200 detentos, então essa capacidade foi atingida e superada na décima transferência. (E)

(3) Considere a seguinte situação hipotética.

Os policiais de uma cidade devem cumprir mandados de prisão. Sabe-se que, se x mandados forem cumpridos por dia, em 12 dias restarão ainda 26 mandados para serem cumpridos e, se x + 5 mandados forem cumpridos por dia, em 10 dias restarão 22 para serem cumpridos.

Nessa situação, a quantidade de mandados de prisão a serem cumpridos é superior a 300. (C)

(4) Considere a seguinte situação hipotética.

No próximo Natal, 300 presidiários de uma penitenciária serão beneficiados com o indulto natalino; 1/6 dos não-beneficiados com esse indulto poderão receber, no presídio, a visita de seus familiares; 400 presos não terão direito a qualquer benefício.

Nessa situação, é correto concluir que há mais de 800 presidiários na referida penitenciária. (E)

(5) A respeito da equação $x^2+mx+m=0$, em que m é um número real, todas as seguintes afirmações são verdadeiras.

I - se m = 0, então a equação tem uma única solução;

II - se m = 4, então a equação tem uma única solução;

III - se 0 < m < 4, então a equação não tem nenhuma solução real;

IV - para cada valor de m tal que m < 0 ou m > 4, a equação tem duas soluções reais. (C)

(6) Considere que as cadeias de um município mantenham 160 albergados igualmente distribuídos em cada uma das celas e que, com a reforma de 20 dessas celas, para manter todos os albergados, tenha sido necessário redistribuir para cada uma das celas restantes 4 albergados. Nessa situação, é correto afirmar que a quantidade total de celas nas cadeias desse município é superior a 45 e que, em cada cela, inicialmente, havia menos de 3 albergados. (E)

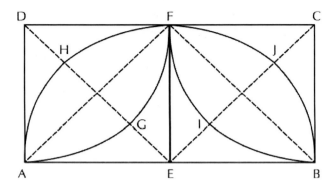

400. (CESPE/UnB) A figura acima representa um retângulo ABCD em que AB = 16 cm e BC = 8 cm. Os pontos E e F são os pontos médios dos lados AB e CD, respectivamente. O semicírculo de centro em E e raio igual a 8 cm intercepta DE em H e EC, em J. O quarto de círculo de centro em D e raio igual a 8 cm intercepta DE em G. O quarto de círculo de centro em C e raio igual a 8 cm intercepta EC em I. Com referência a essa figura e considerando $\pi = 3,14$, julgue os seguintes itens.

(1) A área do quadrado de diagonal EJ é igual a 32 cm². (C)

(2) A área do triângulo AEH é igual a $16\sqrt{2}$ cm². (C)

(3) A área da região entre o quarto de círculo de centro em D e do semicírculo de centro em E é superior a 32 cm². (C)

(4) Considerando $\sqrt{2} = 1,4$, é correto afirmar que a área do triângulo HGF é superior a 15 cm². (E)

401. (CESPE/UnB) Com relação a um cilindro circular reto, cujo raio da base mede 2 m e de altura igual a 3 m, julgue os itens seguintes, considerando $\pi = 3,14$.

(1) O volume do cilindro é inferior a 75% do volume do paralelepípedo retângulo que o circunscreve. (E)

(2) Considere que o cilindro era feito de madeira sólida e que tenha

sido desbastado para se obter um cone circular sólido, de tal forma que a base coincidia com a base do cilindro e o vértice coincidia com o centro da face superior do cilindro. Nesse caso, é correto afirmar que, para se obter o cone, mais de 70% do volume do cilindro foi retirado. (E)

(3) Considere que esse cilindro seja a caixa d'água de um colégio, que as medidas acima correspondam à parte interna do cilindro e que, em determinado instante, a quantidade de água na caixa correspondia a apenas 30% de sua capacidade máxima. Nessa situação, a altura do nível da água, nesse instante, era igual a 0,9 m. (C)

(4) Desprezando-se a espessura das paredes, o volume do maior paralelepípedo retângulo de base quadrada e altura igual à altura do cilindro que pode ser inscrito nesse cilindro é superior a 25 m³. (E)

402. (CESPE/UnB) Julgue os itens seguintes, a respeito de áreas de figuras planas.

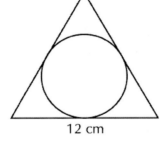

12 cm

(1) Considere a circunferência inscrita em um triângulo eqüilátero de lado igual a 12 cm, conforme mostrado na figura acima. Nesse caso, a área da circunferência é igual a 12π cm². (C)

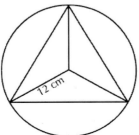

(2) Considere que a figura acima que ilustra um triângulo eqüilátero inscrito em uma circunferência de raio igual a 12 cm. Nessa situação, a área do triângulo inscrito é superior a 200 cm². (E)

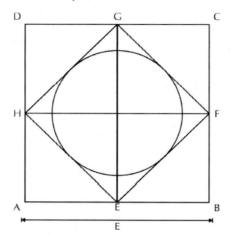

403. (CESPE/UnB) Na figura acima, que mostra um quadrado ABCD de lado AB = 12 cm, E, F, G e H são pontos médios dos lados do quadrado ABCD, formando um outro quadrado EFGH. No quadrado EFGH, foi inscrita uma circunferência. Com relação a essas informações e à figura mostrada, julgue os próximos itens.

(1) A área da circunferência inscrita no quadrado EFGH é igual a 18π cm². (C)

(2) A área do quadrado EFGH é igual a 50% da área do quadrado ABCD. (C)

404. (CESPE/UnB) Fazendo o seu balanço anual de despesas, uma família de classe média verificou que os gastos com moradia foram o dobro dos gastos com educação; os gastos com alimentação foram 50% superiores aos gastos com educação; e, finalmente, os gastos com alimentação e educação, juntos, representaram o triplo dos gastos com saúde.

Com base na situação hipotética acima, julgue os itens que se seguem.

(1) Os dados apresentados permitem concluir que os gastos com saúde foram superiores a R$ 15.000,00.

(2) É possível que essa família tenha gasto um total de R$ 36.000,00 com o item moradia e um total de R$ 28.000,00 com o item alimentação.

(3) Os gastos com alimentação foram 80% superiores aos gastos com saúde.

(4) Se os gastos com saúde foram superiores a R$ 10.000,00, é correto afirmar que os gastos com educação foram superiores a R$ 12.000,00.

(5) Admitindo-se que a família não contraiu dívidas durante o ano em que foi efetuado o balanço, é correto concluir que sua renda anual foi superior a 6 vezes os seus gastos com saúde.

GABARITO: 1E, 2E, 3C, 4C, 5C.

405. (CESPE/UnB)

A Airbus mantém 4.463 aeronaves em operação, enquanto a Boeing tem 24 mil — incluindo 5 mil Boeing 737, o principal rival do Airbus 320, o mesmo modelo do envolvido em recente acidente aéreo. As duas empresas travam um duelo à parte pelo mercado da aeronáutica. No ano passado, a Airbus recebeu 791 encomendas contra 1.044 da Boeing. No entanto, a Airbus entregou 434 aviões a jato; sua concorrente, 398.

A disputa não se restringe aos números. As duas fabricantes se acusam de manobras ilegais na busca pelo consumidor.

A Boeing tem protestado pela ajuda dos governos à Airbus. Por sua vez, a Airbus acusa a Boeing de receber subsídios ilegais por meio de contratos para o setor militar e para pesquisas, além de redução de impostos.

(Correio Braziliense, 30/7/2007, p. 8 - com adaptações)

(1) Infere-se do texto que a Airbus entregou, no ano passado, mais de 55% de suas encomendas de aviões a jato, enquanto sua concorrente, a Boeing, não atingiu nem a marca de 35% de encomendas entregues. (E)

(2) Considere que a proporção que se verifica na Boeing entre a quantidade de Boeing 737 e a quantidade de aeronaves em operação se mantenha na Airbus entre a quantidade de Airbus 320 e a quantidade de aeronaves em operação. Nesse caso, é correto afirmar que a Airbus mantém em operação mais de 920 aviões do mesmo modelo envolvido no acidente aéreo que ocorreu em julho deste ano no aeroporto de Congonhas – SP. (C)

406. (CESPE/UnB) Um grupo de amigos saiu para assistir a um filme no cinema do bairro. Lá chegando, constataram que o preço das entradas para todos, refrigerantes e pipoca era de R$ 585,00. Esse valor deveria ser dividido inicialmente entre todos do grupo, mas, por delicadeza, os integrantes do grupo que moravam nesse bairro revolveram dividir entre eles o valor correspondente ao que cabia aos 4 integrantes que não moravam no bairro, o que acrescentou à despesa de cada um dos primeiros a quantia de R$ 20,00.

Com base nessa situação hipotética, julgue os itens que se seguem.

(1) No grupo de amigos havia menos de 8 moradores do bairro onde fica o cinema e a cada um deles coube uma despesa superior a R$ 70,00. (E)

(2) Indicando por x a quantidade de pessoas do grupo de amigos e por y a quantia que cada um deles deveria inicialmente desembolsar, é correto afirmar que x e y são tais que x × y = 585 e 20x- 4y = 80. (C)

407. (CESPE/UnB) Julgue os itens a seguir, a respeito de seqüências numéricas e sistemas lineares.

(1) Considere a seguinte situação hipotética.

Florêncio dividiu em três partes a quantia de R$ 10.000,00 e aplicou a primeira em um fundo de investimentos, a segunda em poupança e a terceira, na bolsa de valores. Ao final de um ano dessas aplicações, Florêncio notou que o fundo lhe rendeu, brutos, 8%, a poupança, líquidos, 6%, e a bolsa de valores, brutos, 10%, e esses valores somaram R$ 820,00. No fundo de investimentos, sobre os rendimentos, lhe foram cobrados 20% a título de impostos e taxas administrativas. Da mesma forma, na bolsa de valores ele teve uma despesa de 16% sobre os rendimentos. Na poupança, nada lhe foram cobrados. O total dessas despesas somou R$ 112,00.

Nessa situação, é correto afirmar que o que foi aplicado na bolsa de valores é igual ao que foi aplicado na poupança. (E)

(2) No corrente ano, foram realizados no Brasil os Jogos Pan-Americanos, evento que se repete a cada 4 anos. Considerando-se que essa periodicidade seja permanente e que nenhum fato impeça a realização desse evento em algum ano, é correto afirmar que o ano de 3018 é ano de Pan e que até lá, inclusive, esse evento será realizado mais de 250 vezes. (E)

(3) Considere a seguinte situação hipotética.

Fagundes saiu de casa com determinada quantia em reais e foi a quatro instituições financeiras diferentes procurar opções para investimentos. Em cada uma das instituições, ele investiu em poupança metade do que possuía e ainda fez um CDB no valor de R$ 2.000,00. Ao final, ele ainda possuía R$ 6.000,00.

Nessa situação, é correto afirmar que Fagundes saiu de casa com mais de R$ 160.000,00. (E)

408. (CESPE/UnB) Julgue os itens seguintes quanto aos princípios de contagem.

(1) Considere que 7 tarefas devam ser distribuídas entre 3 funcionários de uma repartição de modo que o funcionário mais recentemente con-

tratado receba 3 tarefas, e os demais, 2 tarefas cada um. Nessa situação, sabendo-se que a mesma tarefa não será atribuída a mais de um funcionário, é correto concluir que o chefe da repartição dispõe de menos de 120 maneiras diferentes para distribuir essas tarefas. (E)

(2) Uma mesa circular tem seus 6 lugares que serão ocupados pelos 6 participantes de uma reunião. Nessa situação, o número de formas diferentes para se ocupar esses lugares com os participantes da reunião é superior a 10^2. (C)

(3) Um correntista do BB deseja fazer um único investimento no mercado financeiro, que poderá ser em uma das 6 modalidades de caderneta de poupança ou em um dos 3 fundos de investimento que permitem aplicações iniciais de pelo menos R$ 200,00. Nessa situação, o número de opções de investimento desse correntista é inferior a 12. (C)

(4) Considere que, para ter acesso à sua conta-corrente via Internet, um correntista do BB deve cadastrar uma senha de 8 dígitos, que devem ser escolhidos entre os algarismos de 0 a 9. Se o correntista decidir que todos os algarismos de sua senha serão diferentes, então o número de escolhas distintas que ele terá para essa senha é igual a 8! (E)

(5) Considere que o BB oferece cartões de crédito Visa e Mastercard, sendo oferecidas 5 modalidades diferentes de cartão de cada uma dessas empresas. Desse modo, se um cidadão desejar adquirir um cartão Visa e um Mastercard, ele terá menos de 20 possíveis escolhas distintas. (E)

(6) Sabe-se que no BB há 9 vice-presidências e 22 diretorias. Nessa situação, a quantidade de comissões que é possível formar, constituídas por 3 vice-presidentes e 3 diretores, é superior a 10^5. (C)

409. (CESPE/UnB) As afirmações que podem ser julgadas como verdadeiras (V) ou falsas (F), mas não ambas, são chamadas proposições. As proposições são usualmente simbolizadas por letras maiúsculas: A, B, C etc. A expressão A→B, lida, entre outras formas, como "se A então B", é uma proposição que tem valoração F quando A é V e B é F, e tem valoração V nos demais casos. Uma expressão da forma ¬A, lida como "não A", é uma proposição que tem valoração V quando A é F, e tem valoração F quando A é V. A expressão da forma A∧B, lida como "A e B", é uma proposição que tem valoração V apenas quando A e B são V, nos demais casos tem valoração F. Uma expressão da forma AVB, lida como "A ou B", é uma proposição que tem valoração F apenas quando A e B são F; nos demais casos, é V. Com base nessas definições, julgue os itens que se seguem.

(1) Uma expressão da forma ¬(A∧¬B) é uma proposição que tem exatamente as mesmas valorações V ou F da proposição A→B. (C)

(2) Considere que as afirmativas "Se Mara acertou na loteria então ela ficou rica" e "Mara não acertou na loteria" sejam ambas proposições verdadeiras. Simbolizando adequadamente essas proposições pode-se garantir que a proposição "Ela não ficou rica" é também verdadeira. (E)

(3) A proposição simbolizada por (A→B)→(B→A) possui uma única valoração F. (C)

(4) Considere que a proposição "Sílvia ama Joaquim ou Sílvia ama Tadeu" seja verdadeira. Então pode-se garantir que a proposição "Sílvia ama Tadeu" é verdadeira. (E)

410. (CESPE/UnB) Considerando que o número de crianças e adolescentes com até 17 anos de idade que trabalham no Brasil seja igual a 2.899.800 e que a quantidade deles por região brasileira seja diretamente proporcional ao número de unidades federativas da respectiva região — são 27 as unidades federativas brasileiras, incluindo-se o Distrito Federal como unidade federativa da região Centro-Oeste —, julgue os itens seguintes, tendo como referência as informações contidas no texto acima.

(1) Considere que, das crianças e adolescentes com até os 17 anos de idade que trabalham no Brasil, 20% tenham entre 5 e 9 anos de idade. Nesse caso, mais de 450.000 dessas crianças e adolescentes trabalham no campo. (E)

(2) Na região Nordeste, que é formada por 9 unidades federativas, há mais de 6 milhões de crianças e adolescentes com idade de até 17 anos. (C)

(3) Na situação apresentada, escolhendo-se aleatoriamente um indivíduo entre os 2.899.800 referidos, a probabilidade de ele ser da região Centro-Oeste ou da região Sudeste é superior a 0,2. (C)

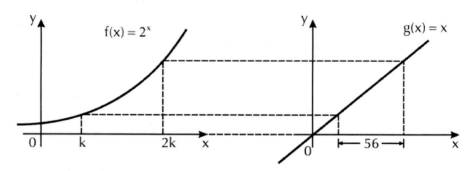

411. (CESPE/UnB) A figura acima ilustra duas cópias do sistema cartesiano xOy, em que, no eixo Ox de cada um desses sistemas, foi utilizada a mesma unidade de medida. No sistema da esquerda, está representado o gráfico da função f(x) = 2^x, no qual estão marcados os pontos de abcissas x = k e x = 2k. No sistema da direita, está representado o gráfico da função g(x) = x e os pontos que têm as mesmas ordenadas daqueles marcados no gráfico do sistema da esquerda. Sabe-se que a distância entre as abscissas dos pontos marcados no gráfico à direita é igual a 56.

Considerando essas informações, julgue o item abaixo.

(1) Na situação apresentada, o valor do número real k é tal que 30 < k^3 + k + 1 < 32. (C)

412. (CESPE/UnB)

Todo mundo quer ajudar a refrescar o planeta

Virou moda falar em aquecimento global. É preciso não esquecer que os recursos naturais da Terra também estão em perigo.

O outro lado do processo: a China e a Índia, juntas, têm um terço da população mundial. Caso o consumo dos dois países chegue aos níveis do consumo da Califórnia, o estado mais rico dos EUA, o resultado poderá ser catastrófico para os recursos naturais do planeta.

As tabelas a seguir mostram esses dados.

Consumo de água (em L) (per capita, por dia)
Califórnia: 700; China: 85; Índia: 135.

Consumo de petróleo (em L) (per capita, por dia)
Califórnia: 8; China: 0,8; Índia: 0,4.

Quantidade de carros (para cada 100 pessoas)
Califórnia: 70; China: 2,5; Índia: 1,3.

Emissão de CO_2 (em t) (per capita, por ano)
Califórnia: 12; China: 3,0; Índia: 1,0.

Área (em km²)
Califórnia: 411 mil; China: 9,6 milhões; Índia: 3,3 milhões.

População
Califórnia: 33,8 milhões; China: 1,3 bilhão; Índia: 1,08 bilhão.

Com referência aos dados do texto e das tabelas acima, julgue os seguintes itens.

(1) Em quantidade de carros, a China supera a Califórnia em mais de 12 milhões, enquanto que esta, por sua vez, supera a Índia em mais de 9 milhões. (E)

(2) O consumo diário de água da população indiana ultrapassa em mais de 10 milhões de m3 o consumo diário de água das populações da Califórnia e da China juntas. (C)

(3) O consumo diário de petróleo pelas populações da Califórnia e da Índia, juntas, corresponde a mais de 70% do consumo diário desse produto pela população da China. (E)

(4) Considere que campanhas mundiais de conscientização e esclarecimento façam que os níveis de emissão de CO_2 caiam, per capita, por ano, 10% na China e 15% na Califórnia. Nessa situação, assumindo-se que $\log_{10} 4 = 0{,}60$, $\log_{10} 90 = 1{,}95$ e $\log_{10} 85 = 1{,}93$, conclui-se que serão necessários mais de 20 anos para que os níveis de emissão de CO_2, per capita, por ano, nessas duas regiões tornem-se iguais. (C)

413. (CESPE/UnB) O número de países representados nos Jogos Pan-Americanos realizados no Rio de Janeiro foi 42, sendo 8 países da América Central, 3 da América do Norte, 12 da América do Sul e 19 do Caribe. Com base nessas informações, julgue os itens que se seguem.

(1) Considerando-se apenas os países da América do Norte e da América Central participantes dos Jogos Pan-Americanos, a quantidade de comitês de 5 países que poderiam ser constituídos contendo pelo menos 3 países da América Central é inferior a 180. (E)

(2) Considerando-se que, em determinada modalidade esportiva, havia exatamente 1 atleta de cada país da América do Sul participante dos Jogos Pan-Americanos, então o número de possibilidades distintas de dois atletas desse continente competirem entre si é igual a 66. (C)

(3) Se determinada modalidade esportiva foi disputada por apenas 3 atletas, sendo 1 de cada país da América do Norte participante dos Jogos Pan-Americanos, então o número de possibilidades diferentes de classificação no 1º, 2º e 3º lugares foi igual a 6. (C)

(4) Há, no máximo, 419 maneiras distintas de se constituir um comitê com representantes de 7 países diferentes participantes dos Jogos Pan-Americanos, sendo 3 da América do Sul, 2 da América Central e 2 do Caribe. (E)

414. (CESPE/UnB) Uma proposição é uma afirmação que pode ser julgada como verdadeira (V) ou falsa (F), mas não como ambas. As proposições são usualmente simbolizadas por letras maiúsculas do alfabeto, como, por exemplo, P, Q, R etc. Se a conexão de duas proposições é feita pela preposição "e", simbolizada usualmente por $\wedge$, então obtém-se a forma $P \wedge Q$, lida como "P e Q" e avaliada como V se P e Q forem V, caso contrário, é F. Se a conexão for feita pela preposição "ou", simbolizada usualmente por V, então obtém-se a forma $P \vee Q$, lida como "P ou Q" e avaliada como F se P e Q forem F, caso contrário, é V. A negação de uma proposição é simbolizada por $\neg P$, e avaliada como V, se P for F, e como F, se P for V.

Um argumento é uma seqüência de proposições P1, P2, ..., Pn, chamadas premissas, e uma proposição Q, chamada conclusão. Um argumento é válido, se Q é V sempre que P1, P2, ..., Pn forem V, caso contrário, não é argumento válido. A partir desses conceitos, julgue os próximos itens.

(1) Há duas proposições no seguinte conjunto de sentenças:

(I) O BB foi criado em 1980.

(II) Faça seu trabalho corretamente.

(III) Manuela tem mais de 40 anos de idade. (C)

(2) Considere as seguintes proposições:

P: "Mara trabalha" e Q: "Mara ganha dinheiro"

Nessa situação, é válido o argumento em que as premissas são "Mara não trabalha ou Mara ganha dinheiro" e "Mara não trabalha", e a conclusão é "Mara não ganha dinheiro". (E)

(3) A proposição simbólica $(P \wedge Q) \vee R$ possui, no máximo, 4 avaliações V. (E)

415. (CESPE/UnB) Em cada um dos itens subseqüentes, é apresentada uma situação a respeito de matemática financeira, seguida de uma assertiva a ser julgada.

(1) Um veículo popular cujo valor à vista é de R$ 24.000,00 pode ser

comprado, sem entrada, em 36 prestações mensais e iguais, sendo que a primeira prestação será paga em 1 mês após a compra, à taxa de juros compostos de 5% ao mês. Nessa situação, tomando 0,17 como valor aproximado de 1,05^{-36}, conclui-se que o valor da prestação será superior a R$ 1.400,00. (C)

(2) Uma dívida, contraída à taxa de juros compostos de 2% ao mês, deverá ser paga em 12 meses. No vencimento, o valor total a ser pago é de R$ 30.000,00, no entanto, o devedor quer quitá-la dois meses antes do prazo. Nessa situação, de acordo apenas com as regras de matemática financeira, o credor deverá conceder ao devedor um desconto superior a R$ 2.000,00. (E)

(3) Um empréstimo de R$ 20.000,00 foi concedido à taxa de juros compostos de 6% ao mês. Dois meses após concedido o empréstimo, o devedor pagou R$ 12.000,00 e, no final do terceiro mês, liquidou a dívida. Nessa situação, tomando-se 1,2 como valor aproximado de 1,06³, conclui-se que esse último pagamento foi superior a R$ 11.000,00. (C)

QUESTÕES DE RACIOCÍNIO LÓGICO E QUANTITATIVO DE DIVERSAS ELABORADORAS

416. Assinale a opção correta:

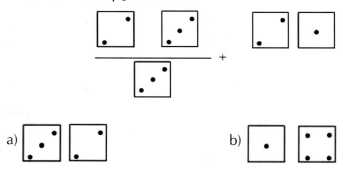

c) 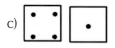 d)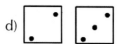

e)

417. Qual é o maior?

a) $7.\sqrt{36}$ b) $6.\sqrt{49}$ c) $5.\sqrt{64}$

d) $8.\sqrt{25}$ e) $6.\sqrt{64}$

418. Se $\left((\triangle)^{\triangle}\right)^{\square} = 729$. Calcule $\left((\square)^{\triangle}\right)^{\triangle}$

a) 64   b) 128   c) 216

d) 512   e) 729

419. Observe e calcule:

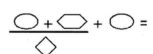

a) 10   b) 11   c) 12

d) 13   e) 14

420. Assinale a opção correta: 5 ? 5 ? 5 ? 5

a) + = −   b) + + =   c) = + +

d) × ÷ =   e) − × =

421. Roberto, Sérgio, Carlos, Joselias e Auro estão trabalhando em um projeto, onde cada um exerce uma função diferente: um é economista, um é estatístico, um é administrador, um é advogado e um é contador.

• Roberto, Carlos e o estatístico não são paulistas.

• No fim de semana, o contador joga futebol com Auro.

• Roberto, Carlos e Joselias vivem criticando o advogado.

• O administrador gosta de trabalhar com Carlos, Joselias e Sérgio, mas não gosta de trabalhar com o contador.

Pode-se afirmar que SÉRGIO é o:

a) Economista b) Estatístico c) Administrador

d) Advogado e) Contador

422. Joselias e Rita forma um casal, de modo que:

• Rita mente aos domingos, segundas e terças-feiras, dizendo verdade nos outros dias.

• Joselias mente às quartas, quintas e sextas-feiras, dizendo verdade nos outros dias.

• Em certo dia ambos declararam: "Ontem foi dia de mentir".

Qual foi o dia dessa declaração?

a) segunda-feira b) terça-feira c) quarta-feira

d) quinta-feira e) sábado

423. Quando $10^{94} - 94$ é desenvolvido, a soma dos seus algarismos é igual a:

a) 94 b) 100 c) 833

d) 834 e) 835

424. Que número fica diretamente acima do 119 na seguinte disposição de números?

```
                        1
                    2   3   4
                5   6   7   8   9
           10  11  12  13  14  15  16
       17  18  —   —   —   —   —   —   —
```

a) 98 b) 99 c) 100

d) 101 e) 102

425. Qual é a metade do dobro do dobro da metade de 2?

a) 1 b) 2 c) 3

d) 4 e) 8

426. Se: Filho é igual a A, Pai é igual a B, Mãe é igual a C, Avô é igual a D, Tio é igual a E. Pergunta-se: Qual é o A do B da C do A?

a) A b) B c) C

d) D e) E

427. Na pirâmide a seguir, para as camadas acima da base o número colocado em cada tijolo é a soma dos números dos dois tijolos nos quais ele se apóia e que estão imediatamente abaixo dele.

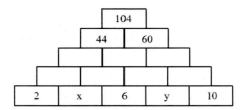

Calcule x + y:

a) 5   b) 9   c) 10
d) 14   e) 18

428. Assinale a opção correta:

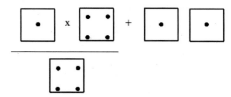

a) [img]   b) [img]

c) [img]   d) [img]

e) [img]

429. Um missionário foi capturado por canibais em uma floresta. Os canibais então fizeram-lhe a seguinte proposta:

• Se fizer uma declaração verdadeira, será cozido com batatas.

• Se fizer uma declaração falsa, será assado na churrasqueira.

Como o missionário usará a lógica, podemos concluir que:

a) será cozido

b) será assado

c) não poderá ser cozido nem assado

d) será cozido e assado ao mesmo tempo

e) dirá: "É ruim, hein!!!"

430. O algarismo das unidades do número $N = 1 \times 3 \times 5 \times 7 \times 9 \times ... \times 999$

a) 1 b) 3 c) 5

d) 7 e) 9

431. Armando e Cleusa formam um casal de mentirosos. Armando mente às quartas, quintas e sextas-feiras, dizendo a verdade no resto da semana. Cleusa mente aos domingos, segundas e terças-feiras, dizendo a verdade nos outros dias da semana. Um certo dia ambos declararam: "Amanhã é dia de mentir". Qual o dia em que foi feita essa declaração?

a) segunda-feira b) terça-feira c) quarta-feira

d) sexta-feira e) sábado

432. Observe e calcule:

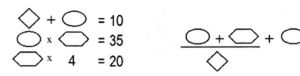

a) 10
b) 11
c) 12
d) 13
e) 14

433. Qual é o menor?

a) $3\sqrt{25}$
b) $5\sqrt{9}$
c) $2\sqrt{81}$
d) $9\sqrt{4}$
e) $5\sqrt{16}$

434. Que número fica diretamente acima de 167 na seguinte disposição de números?

```
                        1
                    2   3   4
                5   6   7   8   9
           10  11  12  13  14  15  16
       17  18  19  20  21  22  23  24  25
    __  __  __  __  __  __  __  __  __  __  __
  __  __  __  __  __  __  __  __  __  __  __  __
```

a) 142
b) 143
c) 144
d) 145
e) 146

435. Um auxiliar judiciário, querendo se organizar, precisa agrupar uma série de processos que estão em seu gabinete. Percebe que se montar grupos de 2 processos, ficará sobrando 1. Caso agrupe de 3 em 3 processos, sobrarão 2. Caso agrupe de 4 em 4 processos, sobrarão 3. Caso agrupe de 5 em 5 processos, sobrarão 4. Caso agrupe de 6 em 6 processos, sobrarão 5. Caso agrupe de 7 em 7 processos, sobrarão 6. Caso agrupe de 8 em 8 processos, sobrarão 7. E finalmente se agrupar de 9 em 9 processos, sobrarão 8 processos. Sabendo que são menos de 2.600 processos, quantos processos o auxiliar judiciário deve organizar?

a) 2500   b) 2519   c) 2520

d) 2521   e) 2529

436. Uma caixa contém 100 bolas, das quais 30 são vermelhas, 30 são azuis, 30 são verdes e das 10 restantes algumas são pretas e outras são brancas. Qual o número mínimo de bolas que devem ser retiradas da caixa, sem ver a cor, para termos certeza que entre elas existem pelo menos 10 bolas da mesma cor?

a) 31   b) 33   c) 37

d) 38   e) 39

437. Um matemático apaixonou-se por duas gêmeas Anabela e Analinda. Anabela e Analinda eram completamente idênticas e vestiam-se igualmente. Anabela sempre dizia verdades e Analinda sempre dizia mentiras. O matemático casou-se com uma delas, mas esqueceu de perguntar o nome da sua esposa. Depois da festa de casamento, o matemático foi chamar a sua esposa para a lua-de-mel e procedeu da seguinte forma:

Dirigindo-se a uma delas perguntou:

– Anabela é casada?

A resposta foi sim.

Perguntou novamente:

– Você é casada?

A resposta foi não.

Baseando-se nessas respostas, qual é o nome da gêmea a quem o matemático se dirigiu e quem é a esposa do matemático?

a) Anabela/Anabela

b) Anabela/Analinda

c) Analinda/Analinda

d) Analinda/Anabela

e) não é possível decidir quem é a esposa

438. (FUVEST) O valor de $(0,2)^3 + (0,16)$ é:

a) 0,264   b) 0,0336   c) 0,1056

d) 0,2568   e) 0,6256

439. (CESGRANRIO) Se $a^2 = 99^6$, $b^3 = 99^7$, $c^4 = 99^8$ então $(abc)^{12}$, vale:

a) 99^{12} b) $99^{21/2}$ c) 99^{28}

d) 99^{98} e) 99^{88}

440. (SANTA CASA) Se $\left(n + \dfrac{1}{n}\right)^2 = 3$, então $n^3 + \dfrac{1}{n^3}$ vale:

a) $\dfrac{10\sqrt{3}}{3}$ b) 0   c) $2\sqrt{3}$

d) $3\sqrt{3}$ e) $6\sqrt{3}$

441. (PUC) A primeira linha da tabela significa que "3 galinhas comem 6 quilos de ração em 12 dias". Sendo esta afirmação verdadeira, qual é a única linha que contém a informação falsa?

	galinhas	quilos	dias
	3	6	12
a)	1	6	36
b)	1	1	6
c)	6	1	1
d)	3	3	3
e)	6	6	6

442. (CESCEA) Dois jogadores A e B jogam a R$5,00 a partida. Antes do início do jogo, A possuía R$150,00 e B R$90,00. Após o término do jogo, A e B ficaram com quantias iguais. Quantas partidas B ganhou a mais que A?

a) 12 b) 9 c) 6
d) 8   e) 4

443. (PUC) Um elevador pode levar 20 adultos ou 24 crianças. Se 15 adultos já estão no elevador, quantas crianças podem ainda entrar?

a) 5 b) 6 c) 7
d) 8 e) 9

444. (FUVEST) Carlos e sua irmã Andréia foram, com seu cachorro Bidu, à farmácia de seu avô. Lá encontraram uma velha balança com defeito que só indicava corretamente pesos superiores a 60kg. Assim, eles se pesaram juntos dois a dois e obtiveram as seguintes marcas: Carlos e o cão pesam juntos 97kg; Carlos e Andréia pesam 123kg e Andréia e Bidu pesam 66kg. Podemos afirmar:

a) Cada um deles pesa menos que 60kg.

b) Dois deles pesam mais que 60kg.

c) Andréia é a mais pesada dos três.

d) O peso de Andréia é a média aritmética dos pesos de Carlos e de Bidu.

e) Carlos é mais pesado que Andréia e Bidu juntos.

445. (FUVEST) Cada um dos cartões seguintes tem de um lado um número e do outro lado uma letra.

Alguém afirmou que todos os cartões que têm uma vogal numa face têm um número par na outra. Para verificar se tal afirmação é verdadeira:

a) é necessário virar todos os cartões.

b) é suficiente virar os dois primeiros cartões.

c) é suficiente virar os dois últimos cartões.

d) é suficiente virar os dois cartões do meio.

e) é suficiente virar o primeiro e o último cartão.

446. Uma floresta tem 1.000.000 de árvores. Nenhuma árvore tem mais que 300.000 folhas. Pode-se concluir que:

a) Existem na floresta árvores com número de folhas distintos.

b) Existem na floresta árvores com uma só folha.

c) Existem na floresta árvores com o mesmo número de folhas.

d) O número médio de folhas por árvore é de 150.000.

e) O número total de folhas na floresta pode ser maior que 1012.

447. Pela chamada "Fórmula Martinez", o trabalhador aposentar-se-ia quando a soma da sua idade com o número de anos trabalhados atingisse 95. Se essa fórmula for adotada, aposentar-se-ão com 35 anos de trabalho os que começarem a trabalhar com a idade de:

a) 18 anos   b) 20 anos   c) 22 anos

d) 25 anos   e) 60 anos

448. Cristina, Lúcia e Mara alugaram uma casa de praia. Nos primeiros 10 dias, as três ocuparam a casa; nos 10 dias seguintes, apenas Cristina e Lúcia. Se a diária era de R$60,00. o gasto de Cristina foi de:

a) R$500,00   b) R$480,00   c) R$450,00

d) R$420,00   e) R$400,00

449. Inteiro mais próximo de $\dfrac{55}{7}$ é:

a) 4   b) 5   c) 6

d) 7   e) 8

450. Se 8 homens constroem 8 casas em 8 meses, 2 homens construirão 2 casas em:

a) 2 meses   b) 4 meses   c) 8 meses

d) 16 meses   e) 32 meses

451. Sabe-se que um dos quatro indivíduos Marcelo, Zé Bolacha, Adalberto ou Filomena cometeu o crime da novela: "A Próxima Vítima". O delegado Olavo interrogou os quatro obtendo as seguintes respostas:

- Marcelo declara: Zé Bolacha é o criminoso.
- Zé Bolacha declara: O criminoso é Filomena.
- Adalberto declara: Não sou eu o criminoso.
- Filomena declara: Zé Bolacha está mentindo.

Sabendo que apensa uma das declarações é verídica, as outras três são falsas, quem é o criminoso?

a) Zé Bolacha   b) Filomena   c) Adalberto

d) Marcelo   e) Joselias

452. Os habitantes de um certo país podem ser classificados em <u>políticos</u> e <u>não políticos</u>. Todos os políticos sempre mentem e todos os não-políticos sempre falam a verdade. Um estrangeiro, em visita ao referido país, encontra-se com três habitantes, **I**, **II** e **III**. Perguntando ao **I** se ele é político, o estrangeiro recebe uma resposta que não consegue ouvir direito. O habitante **II** informa, então, que **I** negou ser um político. Mas o habitante **III** afirma que I é realmente um político. Quantos, dos três habitantes, são políticos?

a) 0   b) 1   c) 2

d) 3   e) impossível, pois os políticos não mentem

453. Sabe-se que o CPF de qualquer cidadão é composto de nove dígitos, seguido de dois dígitos de controle:

N_1 N_2 N_3 N_4 N_5 N_6 N_7 N_8 N_9 C_1 C_2

Para determinar o primeiro dígito de controle, somam-se os produtos $N_1 \times 1$, ..., $N_9 \times 9$ e obtemos o resto da divisão por 11.

Para determinar o segundo dígito de controle, somam-se os produtos $N_1 \times 9$, $N_2 \times 8$, $N_3 \times 7$, ..., $N_9 \times 1$ e obtemos o resto da divisão por 11.

A Receita Federal investigou um CPF parcialmente destruído, onde poder ser visto uma parte, descrita dessa maneira: ?80.201.017-7?

Qual é o segundo dígito de controle?

a) 1 b) 2 c) 5
d) 7 e) 9

454. Três príncipes A, B e C desejam se casar com uma formosa princesa. O Rei não querendo desagradar nenhum dos três, propôs a eles o seguinte problema:

• De cinco discos (3 brancos e 2 pretos), seriam escolhidos três e colocados nas costas dos príncipes pela formosa princesa, de tal modo que ao príncipe A seria permitido ver os discos de B e C, e ao príncipe B seria permitido ver o disco de C, e ao príncipe C não seria permitido ver disco algum.

• O príncipe que falasse a çor do disco em suas costas, justificado através de uma lógica, receberia a mão da formosa princesa.

• Porém a princesa desejava, secretamente, se casar com o príncipe B.

Então podemos afirmar:

a) A princesa deveria distribuir os discos: B(branco) e C(branco).

b) A princesa deveria distribuir os discos: B(preto) e C(preto).

c) A princesa deveria distribuir os discos: B(preto) e C(branco).

d) A princesa deveria distribuir os discos: B(branco) e C(preto).

e) É impossível se descobrir com lógica.

455. Um homem nascido na primeira metade do século XIX tem x anos de idade no ano x^2. O ano de nascimento desse homem é:

a) 1849 b) 1825 c) 1812

d) 1836 e) 1806

456. Um bancário costuma chegar à sua estação precisamente às 17 horas. Sua mulher costuma ir ao encontro do trem para levar o marido de automóvel. Um dia, o viajante chega meia hora antes e resolve ir andando pelo caminho que ela costuma seguir. Encontram-se no caminho e os dois voltam para casa, chegando dez minutos mais cedo que de costume. Supondo que a mulher viaje com velocidade constante e saia de casa no tempo exato para encontrar o trem das 17h, quanto tempo andou o marido antes de ser encontrado por sua esposa?

457. Calcule:

a) $\left(1-\dfrac{1}{2}\right)\left(1-\dfrac{1}{3}\right)\left(1-\dfrac{1}{4}\right)\cdots\left(1-\dfrac{1}{1000}\right)$

b) $\left(1-\dfrac{1}{2^2}\right)\left(1-\dfrac{1}{3^2}\right)\left(1-\dfrac{1}{4^2}\right)\cdots\left(1-\dfrac{1}{1000^2}\right)$

458. Numa ilha vivem nativos de duas tribos, os Brancos e os Azuis. Os Brancos sempre mentem e os Azuis sempre dizem a verdade. Um turista encontra três nativos que chamaremos de A, B e C. Desejoso de conhecer suas respectivas tribos, o turista mantém com os mesmos o seguinte diálogo:

Turista — Qual a sua tribo?

A — (o nativo responde no dialeto local)

Turista — (dirigindo-se ao nativo B) O que disse ele?

B — Disse que é da tribo dos Brancos.

Turista — (dirigindo-se ao nativo C) Quais as tribos de A e B?

C — A é Branco e B é Azul.

Com base nestas informações, o turista foi capaz de descobrir a que tribo pertenciam os nativos. Pergunta-se: quais as tribos de A, B e C?

459. Três príncipes, A, B e C desejavam se casar com uma formosa princesa. O rei, pai da princesa, para não ficar mal com nenhum dos príncipes, todos poderosos, propôs aos mesmos uma prova, cujo vencedor teria a mão da princesa. Eis a proposta do rei:

• "De uma coleção de cinco discos, dos quais três pretos e dois brancos, retiraremos 3 quaisquer para fixar nas costas de suas altezas. Ao príncipe A será permitido ver os discos dos príncipes B e C; ao príncipe B será permitido ver o disco do príncipe C, e ao príncipe C não será permitido ver disco algum. O príncipe que for capaz de dizer com certeza absoluta qual a cor de seu disco, oferecendo para isso uma explicação lógica convincente, terá a mão de minha filha".

• Os príncipes concordaram e a prova foi realizada. A princesa, sabendo que sua mão seria disputada por A, B e C e desejando secretamente se casar com B, pediu ao pai que lhe permitisse fixar os discos nas costas dos príncipes.

Sabendo que B foi o vencedor da prova, pergunta-se: qual a cor dos discos que a princesa fixou em B e C? Qual deveria ser a cor dos discos a serem afixados em B e C se a princesa desejasse se casar com C?

460. Dois amigos A e B, conversavam sobre seus filhos. A dizia a B que tinha 3 filhas, quando B perguntou a idade das mesmas. Sabendo A que B gostava de problemas de aritmética, respondeu da seguinte forma: "O produto das idades das minhas filhas é 36. A soma de suas idades é o número daquela casa ali em frente". Depois de algum tempo B retrucou: "Mas isto não é suficiente para que eu possa resolver o problema". A pensou um pouco e respondeu: "Tem razão. Esqueci-me de dizer que a mais velha tocas piano".

• Com base nesses dados, B resolveu o problema. Pergunta-se: qual a idade das filhas de A?

461. Numa certa comunidade os políticos sempre mentem e os não políticos falam sempre a verdade. Um estrangeiro encontra-se com três nativos e pergunta ao primeiro se ele é um político. Este responde à pergunta, na língua local. O segundo nativo informa, então, que o primeiro nativo negou ser um político. Mas o terceiro nativo afirma que o primeiro nativo é realmente, um político. Quantos desses três nativos eram políticos?

a) zero　　　　　　　b) 1　　　　　　　c) 2

d) 3　　　　　　　　e) impossível dizer

462. Suponha que eu e e você temos a mesma quantidade de dinheiro. Quanto tenho de dar-te para que tenhas R$10,00 a mais do que eu?

a) R$10,00　　　　　b) R$5,00　　　　　c) R$15,00

d) R$20,00　　　　　e) n.d.a.

463. Em certa associação cada membro era presidencialista ou parlamentarista. Certo dia, um dos parlamentaristas resolveu tornar-se presidencialista e, após isso, o número de presidencialistas e parlamentaristas ficou o mesmo. Algumas semanas depois o novo presidencialista resolveu tornar-se parlamentarista novamente e assim as coisas voltaram à normalidade. Então outro presidencialista decidiu tornar-se parlamentarista, então número de parlamentaristas ficou igual ao dobro do número de presidencialistas. Quantos membros tinha essa associação?

a) 15 b) 12 c) 8

d) 3 e) n.d.a

464. A fábrica Alfa produz um aparelho eletrodoméstico em 2 versões: Luxo (L) e Popular (P). Cada unidade de L requer 3 horas de trabalho semanal; e cada unidade de P requer 2,5 horas de trabalho semanal. A Alfa tem disponibilidade de 120 horas semanais de máquina para fabricar as 2 versões.

a) Se, numa semana, não for produzido o modelo L, calcule quantas unidades do modelo P poderão ser produzidas.

b) Se, numa semana, forem produzidas 30 unidades de P, calcule quantas unidades do modelo L poderão ser produzidas.

465. Uma escola deseja distribuir cadernos entre os seus 480 alunos, de forma que cada um deles receba o mesmo número de cadernos e não haja sobras. Os cadernos são adquiridos pela escola em pacotes de uma dúzia e meia cada. Determine o número de pacotes que a escola deve adquirir para que cada aluno receba a menor quantidade possível de cadernos.

466. As figuras a seguir representam quatro cartões, A, B, C e D, que foram colocados sobre uma mesa:

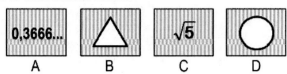

- Quem os colocou assim afirmou: "todo cartão que tiver um número racional em um face terá um polígono na outra".

- Uma pessoa deseja verificar se essa afirmação é verdadeira.

Para cada cartão, indique se a pessoa será obrigada a olhar a outra face desse mesmo cartão. Justifique.

467. Os dados são usados para sortear números de 1 a 6. Sempre que um dado é jogado, o resultado do sorteio é o número que aparece na face virada para cima. Todo dado é construído de forma que a soma dos números colocados em faces opostas é sempre 7.

- Um dado foi jogado duas vezes com resultados diferentes. Em ambas as vezes, a soma das cinco faces visíveis foi um número primo.

Pergunta-se: quais os números sorteados?

468. Um copo cheio de água pesa 385g; com 2/3 da água pesa 310g; Pergunta-se:

a) Qual é o peso do copo vazio?

b) Qual é o peso do copo com 3/5 da água?

469. Em um restaurante, todas as pessoas de um grupo pediram um mesmo prato principal e uma mesma sobremesa. Com o prato principal o grupo gastou R$56,00 e com a sobremesa R$35,00; cada sobremesa custou R$3,00 a menos do que o prato principal.

a) Encontre o número de pessoas neste grupo.

b) Qual o preço do prato principal?

470. Um número inteiro positivo de três algarismos termina em 7. Se este último algarismo for colocado antes dos outros dois, o novo número assim formado excede de 21 o dobro do número original. Qual é o número inicial? Justifique sua resposta.

471. Em uma régua, o intervalo MN de extremos 15,73 e 18,70 está subdividido em partes iguais, conforme se vê na figura. Estão também indicados os números decimais a, b, c, x.

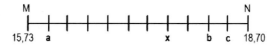

a) Determine o valor de x.

b) Determine o valor de $x - \dfrac{(a+b+c)}{3}$

472. André e Ricardo, num dado instante, partem de um mesmo ponto de uma pista circular de 1.500 metros de extensão. Eles dão várias voltas na pista, sendo que André corre com o quádruplo da velocidade de Ricardo. Determine a distância percorrida por Ricardo no instante em que os dois corredores se encontram pela primeira vez após a largada se:

a) eles correm em sentidos opostos.

b) eles correm no mesmo sentido.

473. Uma pessoa quer trocar duas células de R$100,00 por cédulas de R$5,00, R$10,00 e R$50,00, recebendo cédulas de todos esses valores e o maior número possível de cédulas de R$50,00. Nessas condições, qual é número mínimo de cédulas que ela poderá receber?

a) 8   b) 9   c) 10

d) 11   e) 12

474. A figura 1 representa uma torre com dois relógios no exato momento em que eles foram simultaneamente acertados, com os ponteiros pequenos e grandes sobre o 12. Sabe-se que os dois relógios estão com defeito. Um deles atrasa um minuto em cada hora, enquanto o outro adianta um minuto em cada hora. Decorrido um certo tempo, um transeunte, ao olhar as horas, como na figura 2, que ambos estão com os ponteiros pequenos no 6 e os ponteiros grandes sobre o 12. Sabendo-se que os dois relógios funcionaram ininterruptamente, a quantidade mínima de horas decorridas entre as duas situações é:

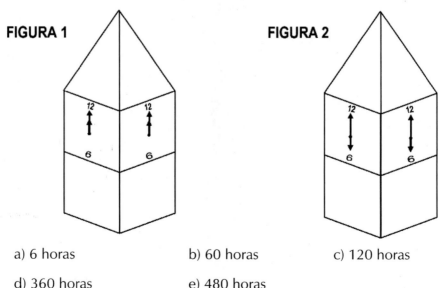

a) 6 horas   b) 60 horas   c) 120 horas

d) 360 horas   e) 480 horas

475. Um bar vende suco e refresco de tangerina. Ambos são fabricados diluindo em água um concentrado desta fruta. As proporções são de uma parte de concentrado para três de água, no caso do suco, e de uma parte de concentrado para seis de água no caso de refresco. O refresco também poderia ser diluído x partes de suco em y partes de água, se a razão $\frac{x}{y}$ fosse igual a:

a) $\frac{1}{2}$

b) $\frac{3}{4}$

c) 1

d) $\frac{4}{3}$

e) 2

GABARITO

416 – D	417 – E	418 – D	419 – B	420 – D
421 – D	422 – C	423 – D	424 – B	425 – B
426 – E	427 – D	428 – C	429 – C	430 – C
431 – B	432 – B	433 – E	434 – B	435 – B
436 – D	437 – C	438 – B	439 – E	440 – B
441 – D	442 – C	443 – B	444 – E	445 – E
446 – C	447 – D	448 – A	449 – E	450 – C
451 – C	452 – B	453 – B	454 – D	455 – E
456 – 25 min	457 – a = 1/1000 e b = 1001/2000	458 – a: tribo azul e b e c: tribo branca	459 – ✪	460 – 2, 2 e 9 anos.
461 – B	462 – B	463 – B	464 – P = 48 e L = 15	465 – 80
466 – ✪✪	467 – 3 e 5	468 – a = 160g e b = 295g	469 – a = 7 pessoas e b = R$ 8,00	470 – 357
471 – a = 17,62 e b = 0	472 – a = 300 e b = 500	473 – B	474 – D	475 – D

✪

• Se a princesa queria casar com B, a resposta é (branco) e (preto).

• Se a princesa queria se casar com C teria que fixar C (branco), pois assim nem A nem B poderiam justificar com lógica o disco em suas costas.

✪✪

A   <u>precisa</u> ser virado pois, sendo 0,366... racional, a afirmativa será falsa que seja a outra face.

B   <u>não precisa</u> ser virado, pois este cartão satisfaz à afirmativa, qualquer que seja a outra face.

C   <u>precisa</u> ser virado, pois como $\sqrt{5}$ não é um polígono, afirmativa será falsa se na outra face houver um número racional.

D   <u>precisa</u> ser virado pelo mesmo motivo de C, uma vez que um círculo <u>não</u> é um polígono.

QUESTÕES DE RACIOCÍNIO LÓGICO DA ANPAD

476. Uma urna contém bolinhas de gude de várias cores: 8 amarelas, 12 vermelhas, 5 brancas, 13 azuis e 7 verdes. A quantidade mínima de bolinhas de gude que precisamos retirar da urna para garantir que teremos três bolinhas de uma mesma cor é:

a) 11   b) 15   c) 21

d) 23   e) 28

477. Considere a seguinte seqüência de figuras:

A figura que melhor completa a posição ocupada pelo símbolo é:

A)   B)   C)   D)   E)

478. Sejam as proposições p: "O cão é bravo" e q: "O gato é branco". A linguagem simbólica equivalente à proposição "Não é verdade que o cão é bravo ou o gato não é branco" é:

a) ~p ∧ ~q

b) ~p ∨ ~q

c) p→ q

d) ~p ∨ q

e) p ∨ ~q

479. Tio Fabiano vai dividir barras de chocolate para três sobrinhos: Rui, Sílvio e Tomé. Rui, por ser o mais velho, recebeu a metade das barras mais meia barra. Do que restou, Sílvio recebeu a metade mais meia barra e para Tomé, que é o mais novo, sobrou uma barra. Assim, a quantidade de barras que Sílvio recebeu foi:

a) 1,5   b) 2   c) 2,5

d) 3   e) 3,5

480. Ao redor de uma mesa redonda estão quatro amigas, Karen, Pâmela, Rita e Yasmin, sentadas em posições diametralmente opostas. Cada uma delas tem uma nacionalidade diferente: uma é italiana, outra é francesa, outra é portuguesa e a outra é alemã, não necessariameite nessa ordem.

Considere, ainda, as informações:

- "Sou alemã e a mais nova de todas", diz Karen.
- "Estou sentada à direita da Karen", diz Pâmela.
- "Rita está à minha direita", diz a francesa.
- "Eu não sou italiana e estou sentada em frente a Pâmela", diz Yasmin.

É **CORRETO** afirmar que:

a) Pâmela é francesa e Rita é italiana.

b) Pâmela é italiana e Rita é portuguesa.

c) Rita é francesa e Yasmin é portuguesa.

d) Rita é portuguesa e Yasmin é francesa.

e) Yasrnín é portuguesa e Pâmela é italiana.

481. Considere os seguintes conjuntos de premissas e conclusões:

I. Algum avô é economista. Algum economista é avô.

II. Nenhum arquiteto é cantor. Logo, nenhum cantor é arquiteto.

III. Todo advogado é poeta. Logo, todo poeta é advogado.

Qual(is) argumento(s) é(são) válido(s)?

a) Somente I.   b) Somente II.   c) Somente I e II.

d) Somente II e III.   e) Todos.

482. Considere a seqüência de quadros, em que cada quadro é dividido em nove casas numeradas, dispostas em linhas e colunas, da seguinte maneira:

1	2	3
4	5	6
7	8	9

10	11	12
13	14	15
16	17	18

19	20	21
22	23	24
25	26	27

, ...

A posição que o número 2006 ocupa no quadro é:

a) linha 1 e coluna 3.

b) linha 2 e coluna 2.

c) linha 2 e coluna 3.

d) linha 3 e coluna 1.

e) linha 3 e coluna 2.

483. Se x e y são números inteiros, a operação ⊛ é definida por x ⊛ y = y(x − y), na qual a multiplicação e a subtração são as usuais. Assim, o valor da expressão 2 ⊛ (3 ⊛ 4) é:

a) −28   b) −24   c) −3

d) 2   e) 8

484. Cinco amigos, Abel, Deise, Edgar, Fábio e Glória foram lanchar e um deles resolveu sair sem pagar. O garçom percebeu o fato, correu atrás dos amigos que saíam do restaurante e chamou-os para que prestassem esclarecimentos. Pressionados, informaram o seguinte:

- "Não fui eu nem o Edgar", disse Abel.
- "Foi o Edgar ou a Deise", disse Fábio.
- "Foi a Glória", disse Edgar.
- "O Fábio está mentindo", disse Glória.
- "Foi a Glória ou o Abel", disse Deise.

Considerando que apenas um dos cinco amigos mentiu, pode-se concluir que quem resolveu sair sem pagar foi:

a) Abel.   b) Deise.   c) Edgar.

d) Fábio.   e) Glória.

485. Das proposições "Nenhuma fruta marrom é doce" e "Algum abacaxi é doce", conclui-se que:

a) "Algum abacaxi não é marrom."

b) "Todo abacaxi é marrom."

c) "Nenhum abacaxi é marrom."

d) "Algum abacaxi é marrom."

e) "Todo abacaxi não é marrom."

486. Edmundo percebeu que, na terça-feira, 27 de julho, iriam terminar as suas férias; verificou que o próximo feriado é o dia 7 de setembro e viu que esse dia cai:

a) Numa segunda-feira.

b) Numa terça-feira.

c Numa quarta-feira.

d) Num sábado.

e) Num domingo.

487. Considere-se a proposição "Não é verdade que, se Maria não é elegante, então ela é inteligente". Uma proposição logicamente equivalente é:

a) "Maria é elegante ou é inteligente."

b) "Maria é elegante e não é inteligente."

c) "Maria não é elegante e nem é inteligente."

d) "Maria não é elegante ou não é inteligente."

488. Três amigos, Bernardo, Davi e Fausto, de sobrenome Pereira, Rocha e Silva, não necessariamente nesta ordem, foram assistir, cada um, a um filme diferente – ação, comédia e terror. Sabe-se que:

- Bernardo não assistiu ao filme de terror nem ao de ação.
- Pereira assistiu ao filme de ação.
- O sobrenome de Davi é Silva.

É **CORRETO** afirmar que:

a) Davi assistiu a uma comédia.

b) Fausto assistiu a um filme de ação.

c) Rocha assistiu a um filme de terror.

d) O sobrenome de Fausto é Rocha.

e) O sobrenome de Bernardo é Pereira.

489. Considere as seguintes proposições:

I. $\sqrt{2} > 1$ ou $3^2 = 6$

II. $\nabla x, x \in \mathbb{R}$, se $x < 2$, então $x=1$ ou $x=0$

III. $-4 < -5$

Os valores lógicos dessas proposições são, respectivamente:

a) F F V.　　　　　b) F V F.　　　　　c) V F F.

d) V F V.　　　　　e) V V V.

490. A figura abaixo mostra uma engrenagem formada por três rodas dentadas iguais (de mesmo raio). Em duas rodas, há bandeirinhas, e a roda de cima girou menos de uma volta e parou na posição indicada pela bandeirinha pontilhada.

Nessas condições, qual das seguintes alternativas apresenta a posição aproximada da bandeirinha da outra roda?

491. Considere as seguintes informações sobre uma prova de concurso composta de dois problemas, X e Y:

- 923 candidatos acertaram o problema X.
- 581 erraram o problema Y.
- 635 acertaram X e Y.

O número de candidatos que erraram os problemas X e Y é:

a) 183   b) 293   c) 342

d) 635   e) 689

492. Considere as seguintes proposições:

- "Todas as pessoas ricas são cultas."
- "Nenhum pescador é culto."
- "Hugo é rico."

Uma conclusão que necessita de todas essas proposições como premissas é:

a) "Ricos são cultos."

b) "Hugo não é culto."

c) "Hugo não é pescador."

d) "Hugo é rico e pescador."

e "Hugo é um pescador culto."

493. Considere as seguintes premissas:

- "Todos os jogadores de futebol são bonitos."
- "Lucas é bonito."
- "Modelos fotográficos são bonitos."

Considere, também, as seguintes conclusões:

I. "Lucas não é jogador de futebol nem modelo fotográfico."

II. "Lucas é jogador de futebol e também modelo fotográfico."

III. "Lucas é bonito e jogador de futebol."

Considerando as premissas, a validade de cada argumento gerado pelas conclusões I, II e III é, respectivamente:

a) Válido, válido, válido.

b) Não-válido, válido, válido.

c) Válido, não-válido, não-válido.

d) Não-válido, válido, não-válido.

e) Não-válido, não-válido, não-válido.

494. As afirmativas a seguir correspondem a condições para a formação de um determinado número X de três dígitos.

• 429 não tem nenhum dígito em comum com esse número.

• 479 tem apenas um dígito em comum com esse número, mas ele não está em seu devido lugar.

• 756 tem apenas um dígito em comum com esse número, e ele está em seu devido lugar.

• 543 tem apenas um dígito em comum com esse número, mas ele não está em seu devido lugar.

• 268 tem apenas um dígito em comum com esse número, e ele está em seu devido lugar.

O número X de três dígitos que satisfaz essas condições é:

a) 837   b) 783   c) 738

d) 736   e) 657

495. Cada uma das três amigas, Ana, Bia e Carla, gosta de apenas uma das seguintes frutas: maçã, banana e pêra, não necessariamente nessa ordem. Ana gosta de pêra, Bia não gosta de pêra e Carla não gosta de banana. Se apenas uma dessas três informações for verdadeira e se cada uma das três amigas gostar de uma fruta diferente, então as frutas de que Ana, Bia e Carla gostam são, respectivamente:

a) Banana, pêra e maçã.

b) Pêra, maçã e banana.

c) Maçã, banana e pêra.

d) Pêra, banana e maçã.

e) Banana, maçã e pêra.

496. Uma caixa contém 60 moedas que parecem idênticas. Existe entre elas apenas uma moeda defeituosa, que pesa mais que as outras. Dispondo de uma balança que tem dois pratos, o número mínimo de pesagens que devem ser feitas para se descobrir a moeda defeituosa é:

a) 3 b) 4 c) 5
d) 6 e) 7

497. Jorge dispõe de 120 estacas para levantar uma cerca. Sabe-se que 4 estacas igualmente espaçadas cercam 12m; usando todas as estacas igualmente espaçadas é possível levantar uma cerca de aproximadamente:

a) 480m b) 476m c) 472m
d) 400m e) 360m

498. Várias bolinhas estão dispostas da seguinte maneira em uma canaleta circular:

• 53 bolinhas brancas têm outra bolinha branca a sua direita;

• 90 bolinhas brancas têm uma bolinha preta a sua direita;

• 5/6 das bolinhas pretas têm uma bolinha branca a sua direita.

O número mínimo de bolinhas na canaleta que satisfaz as três condições acima é:

a) 143 b) 233 c) 248
d) 251 e) 252

499. O próximo número da seqüência 1, 2, 3, 7, 46 será:

a) 2110　　　　　b) 2109　　　　　c) 2108

d) 2107　　　　　e) 2106

500. Uma indústria fez uma campanha pela qual se propõe trocar 8 latas de óleo vazias por uma lata cheia. Se uma pessoa possui 164 dessas latas vazias, o número total de latas cheias de óleo que ela pode obter, após todas as trocas possíveis, é:

a) 20　　　　　b) 21　　　　　c) 22

d) 23　　　　　e) 24

QUESTÕES DE RACIOCÍNIO QUANTITATIVO DA ANPAD

501. Realizou-se uma pesquisa com 57 estudantes, cuja pergunta central era: "Se você tivesse camiseta, tênis ou boné, qual(is) peça(s) você usaria para sair à noite?". Analisando as respostas, constatou-se que:

- 15 pessoas usariam tênis.
- 18 usariam boné.
- 3 usariam camiseta e tênis.
- 6 usariam tênis e boné.
- 4 usariam boné e camiseta.
- 1 usaria as três peças.
- 15 pessoas não usariam nenhuma dessas três peças.

Quantos estudantes usariam somente camiseta, sem boné e sem tênis?

a) 21　　　　　b) 18　　　　　c) 15

d) 12　　　　　e) 9

502. A matriz X, composta por números reais, de ordem 3 x 3, é igual a:
$$\begin{bmatrix} 1 & 2 & 1 \\ a & -a^2 & -2 \\ 1 & 1 & 2 \end{bmatrix}.$$

Para quais valores de **a** não se pode determinar a inversa dessa matriz X?

a) a = 2 e a = 1

b) a = -1 e a = -2

c) a = 0 e a = -1

d) a = -1 e a = 2

e) a = 2 e a = -1

503. Um grupo de 7 pessoas é formado por 2 irmãos, 2 casais e 1 padre. Esse grupo deseja tirar uma foto, obedecendo às seguintes regras:

• Todos os membros do grupo devem se posicionar lado a lado (perfilados).

• O padre deve se posicionar em um extremo, no lado direito ou no lado esquerdo.

• Cada casal deve permanecer junto.

Considerando essas regras, quantas fotos distintas podem ser tiradas pelo grupo, ou seja, quantas combinações de posicionamento dos membros do grupo podem ser geradas para tirar diferentes fotos?

a) 84   b) 92   c) 96

d) 192   e) 5040

504. O custo fixo mensal para produzir até 1.000 unidades de um determinado produto é de R$300,00, e o custo variável para produzir cada unidade do mesmo produto é de R$2,00. O custo fixo mensal existirá independentemente da quantidade produzida no mês, desde que não ultrapasse o limite de 1.000 unidades. O custo variável unitário, por sua vez, existirá apenas para cada unidade produzida, desde que o limite de 1.000 unidades também não seja ultrapassado. Sabendo-se que cada unidade do referido produto é vendida por R$3,00, o número mínimo de unidades que devem ser produzidas e vendidas para que todos os custos sejam pagos é de:

a) 700 peças.   b) 600 peças.   c) 500 peças.

d) 400 peças.   e) 300 peças.

505. Se as arestas de um sólido dado feito com certo material M, em forma de cubo, aumentam em 50% devido à dilatação desse material, pode-se dizer que o volume desse cubo aumentará em:

a) 50,5%   b) 75,5%   c) 126,5%

d) 150,5%   e) 237,5%

506. O número de anagramas que podem ser feitos com a palavra ADMINISTRADOR, de modo que as consoantes sejam mantidas em suas respectivas posições,. é:

a) 120   b) 56   c) 30

d) 20   e) 10

507. Em uma empresa trabalham 1.000 pessoas, todas com curso superior. Nenhuma dessas pessoas tem mais do que dois cursos superiores, e

- 200 são apenas engenheiros.

- 250 são contadores.
- 230 são advogados.
- 100 são apenas bacharéis em computação.
- 300 são administradores.
- 50 são administradores e contadores.
- 60 são advogados e administradores.
- 30 são contadores e advogados.
- 60 têm outras profissões.

A probabilidade de, numa escolha aleatória, a pessoa escolhida ser somente administrador é de:

a) 0,3   b) 0,25   c) 0,24

d) 0,20   e) 0,19

508. Os pontos nos quais a função $f(x) = x^2 - 4x - 12$ toca o eixo x e o vértice desta parábola formam um triângulo. A área do triângulo formado, em unidades de área (u.a.), é:

a) 128 u.a.   b) 64 u.a.   c) 32 u.a.

d) 16 u.a.   e) 8 u.a.

509. Um baralho tem 4 naipes, sendo que cada naipe tem 12 cartas. A probabilidade de se retirar, sem reposição, 3 cartas do mesmo naipe desse baralho é:

a) $\dfrac{55}{4324}$ b) $\dfrac{55}{1081}$ c) $\dfrac{3}{48}$

d) $\dfrac{3}{24}$ e) $\dfrac{3}{12}$

510. Hoje, o agiota Furtado concedeu um empréstimo de R$500,00 ao Sr. Inocêncio e adotou o sistema de juros compostos a uma taxa de 10% a.m. Sabendo-se que o Sr. Inocêncio paga R$200,00 a cada mês (desde o primeiro mês), e que esse valor é abatido do montante da dívida, pode-se afirmar que, após três meses

a) O Sr. Inocêncio ainda deve R$3,50 ao agiota.

b) O Sr. Inocêncio ainda deve R$42,30 ao agiota.

c) O Sr. Inocêncio ainda deve R$38,00 ao agiota.

d) O agiota deve R$35,00 ao Sr. Inocêncio.

e) A dívida está liquidada.

511. Analise a veracidade das seguintes proposições.

I. O valor de $\cos(\frac{7\pi}{2})$ é 1.

II. A imagem da função $y = 2\operatorname{sen} x$ é o intervalo [-2, 2].

III. O gráfico das funções $y = \ln x$ e $y = e^x$ são simétricos em relação à reta $x = y$.

Sobre a veracidade dessas proposições, pode-se afirmar que são verdadeiras as afirmações

a) II, apenas. b) III, apenas. c) I e III, apenas.

d) II e III, apenas. e) I, II e III.

512. Foi realizado um levantamento em relação ao peso de 10 estudantes universitários do curso de administração. Obteve-se o seguinte resultado (em kg): 61, 66, 66, 67, 71, 72, 72, 72, 77, 78. Assim, a mediana e a média aritmética desse conjunto são, respectivamente:

a) 71,5 e 70,2. b) 71,5 e 71,5. c) 71 e 70,2.

d) 70,2 e 71,5. e) 72 e 70,2.

513. Em uma fábrica, 3 costureiras, em 8h de trabalho, produzem 48 calças. Com o aumentou a demanda pelos produtos dessa fábrica, foram contratadas mais 3 costureiras, que apresentaram o mesmo desempenho das funcionárias veteranas. Se o último pedido é de 120 calças, qual o tempo necessário de trabalho para que as 6 costureiras produzam tal quantidade?

a) 8h b) 10h c) 12 h

d) 16 h e) 24 h

514. Em uma lanchonete, são gastos R$6,00 para se comprar três pastéis, dois copos de refrigerante e uma porção de batatas fritas. Sabe-se que a mesma quantia de dinheiro é gasta para se comprar dois pastéis, um copo de refrigerante e três porções de batatas fritas. Logo, pode-se concluir que:

a) um pastel mais um copo de refrigerante custam o mesmo que duas porções de batatas fritas.

b) um pastel, um copo de refrigerante e uma porção de batatas fritas custam R$4,00.

c) um pastel, um copo de refrigerante e uma porção de batatas fritas custam R$6,00.

d) um pastel custa R$2,00 e um copo de refrigerante custa R$1,50.

e) todos custam menos de R$1,00.

515. Um comerciante pretende fazer um investimento na modernização de sua loja no valor de X reais. Esse investimento permitirá uma redução nos custos operacionais de sua loja no valor mensal de Y reais por um período de n meses. Essa redução começa exatamente um mês após o investimento. Considerando que, nesses n meses, a taxa de juros é de 1,5% a.m., a relação que mostra como o comerciante pode avaliar se vale a pena efetuar o investimento na modernização da sua loja é:

a) $X \sum_{i=1}^{n} \frac{1}{(1,015)^i} > Y.$

b) $Y \sum_{i=1}^{n} \frac{1}{(1,015)^i} > X.$

c) $nY > X(1,015)^{n+1}.$

d) $nY > X(1,015)^n.$

e) $nX > Y(1,015)^n.$

516. Alberto mora em um terreno quadrado de 40 metros de frente. Sua casa fica bem no centro do terreno, cercada por um gramado. Ele dispõe de uma máquina de cortar grama que possui um cabo elétrico original com 12 metros de comprimento. A máquina é ligada na única esquina da casa que apresenta tomada externa. A residência, por sua vez, tem uma base quadrada de 8 metros de lado, como está exposto neste desenho:

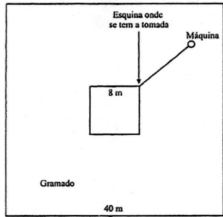

Sabendo-se que cada m² de grama cortada pesa 100 gramas, quantos kg são obtidos após o uso dessa máquina para cortar toda a grama possível utilizando apenas seu cabo elétrico original? (Utilize $\pi = 3$)

a) 34,8kg   b) 43,2kg   c) 64kg

d) 348kg   e) 432kg

517. Uma caixa d'água tem um escoamento constante de 200 litros de água por hora. Sabe-se que quando o nível da caixa atinge 100 litros, um reabastecimento — com vazão constante de 205 litros de água por hora — é acionado automaticamente até que a caixa atinja seu nível máximo. Se a capacidade total da caixa é de 600 litros e o reabastecimento foi acionado nesse momento, ele será acionado novamente daqui a:

a) 2 horas e 30 minutos.

b) 2 horas e 24 minutos.

c) 4 dias e 4 horas.

d) 4 dias, 6 horas e 30 minutos.

e) 4 dias, 6 horas e 50 minutos.

518. Dada a sequência de números 1, 20, 6, 15, 11, 10, ..., o décimo primeiro e o décimo segundo termos (dessa seqüência) são, respectivamente:

a) 60 e 30.   b) 31 e -10.   c) 26 e -5.

d) 16 e 5.   e) 21 e 0.

519. Dois postos de gasolina, A e B, apresentavam o mesmo preço de combustível. Devido ao aumento de preços repassado pelos distribuidores, ambos os postos reajustaram seus preços aos consumidores finais. Cada posto realizou os aumentos de uma forma particular. O posto A reajustou três vezes os seus preços: 6% logo de imediato, 4% após dois meses e 5% após quatro meses. O posto B, por sua vez, reajustou seus preços duas vezes: o primeiro reajuste foi de 8% e coincidiu com a data do primeiro aumento do posto A, o segundo reajuste foi de 15% e ocorreu após três meses. Sabendo-se que a gasolina em ambos os postos sempre apresenta a mesma qualidade, a seqüência que indica o posto com o preço mais vantajoso para o consumidor final em cada um desses seis meses é:

a) Posto A, Posto A, Posto B, Posto A, Posto A, Posto B.

b) Posto A, Posto B, Posto A, Posto B, Posto A, Posto B.

c) Posto A, Posto A, Posto B, Posto A, Posto B, Posto B.

d) Posto A, Posto A, Posto A, Posto A, Posto A, Posto A.

e) Posto A, Posto A, Posto B, Posto A, Posto A, Posto A.

520. O mapa abaixo representa três quadras da cidade Imaginápoles, onde as ruas A, B, C e D são paralelas entre si, assim como as ruas E e F. Essas ruas delimitam quadras de mesma dimensão.

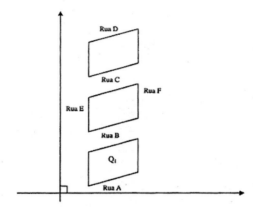

Supondo que as unidades nos eixos horizontal e vertical estão em metros, que os vértices da quadra Q1 são os pontos (40, 10), (82, 20), (40, 60) e (82, 70) e que cada m² está avaliado em R$ 25,00, então o preço cobrado pelas três quadras é:

a) R$52.500,00.   b) R$87.500,00.

c) R$157.500,00.   d) R$175.500,00.

e) R$262.500,00.

QUESTÕES DE RACIOCÍNIO ANALÍTICO DA ANPAD

521. Neville Isdell construiu sua reputação na Coca-Cola como diretor de operações do grupo nas Filipinas, nos anos 80. Na época, a empresa detinha 30% do mercado local e era inferior, em todos os aspectos, à rival PepsiCo. O executivo irlandês sinalizou suas intenções ao comparecer a uma convenção em uniforme de combate e lançar uma garrafa de Pepsi contra a parede. Quando deixou o país, cinco anos depois, a Coca-Cola duplicara sua fatia de mercado, deixando para trás a Pepsi.

O que se conclui a partir da leitura do texto acima?

a) O mercado nas Filipinas reproduzia uma situação mundial.

b) Conquistar 90% do mercado filipino foi um resultado decisivo para a Coca-Cola.

c) A PepsiCo, nos anos 80, apresentava melhor desempenho do que a Coca-Cola.

d) A situação da Coca-Cola só era inferior à da PepsiCo nas Filipinas.

e) A disputa pelo mercado filipino foi considerada uma guerra.

522. Em 18 de abril de 1906, um dos maiores terremotos da história arrasou San Francisco, na costa oeste dos Estados Unidos. A cidade está situada no complexo da falha geológica de San Andreas, que lhe impõe o risco constante de uma nova catástrofe e leva os moradores da cidade a se perguntarem quando virá o *Big One*, como foi apelidado o possível maior terremoto de todos. Algo semelhante ocorre no mundo econômico: o governo americano gasta mais do que arrecada, e o país, como um todo, importa muito mais do que exporta — desequilíbrios apelidados de *déficits* gêmeos. Além disso, "bolhas" de valorização no preço de imóveis e de ações se espalham ao redor do mundo; algum dia, elas deverão desinflar ou, de acordo com a hipótese catastrófica, estourar. Uma vez que os investidores não sabem por quanto tempo esses desequilíbrios permanecerão no cénário, eles se assustam diante de qualquer notícia negativa, pois temem o *Big One* da economia, o grande terremoto financeiro. Verifica-se, segundo um mecanismo psíquico já descrito, que o temor gera turbulência porque os mercados são neuróticos e seus estados de humor oscilam velozmente entre o otimismo incrível e a depressão avassaladora.

Qual das seguintes alternativas constitui a conclusão mais apropriada para o texto acima?

a) A comparação é descabida, pois não se pode entender como equivalentes os fatos da natureza, que têm repercussões físicas, e fatos econômicos, que não afetam as pessoas diretamente.

b) Na realidade, somente temem o *Big One* econômico os investidores que têm interesses financeiros nos EUA, os quais, apesar de serem a maioria, não constituem a totalidade do mercado.

c) O maior terremoto de todos, a grande catástrofe, é uma certeza para os moradores da cidade de San Francisco, mas o *Big One* da economia não preocupa os investidores da mesma forma.

d) A situação dos investidores que moram em San Francisco é muito mais difícil do que a dos demais, pois eles têm de se preocupar simultaneamente com a possibilidade de as duas catástrofes acontecerem.

e) A situação atual é muito semelhante à que ocorreu quando os Tigres Asiáticos "quebraram" pela perda brusca de valor dos imóveis que estavam, na época, hipervalorizados.

523. No final do século XVIII, surgiram na França alguns políticos que preconizavam a necessidade de garantir a igualdade a todos os membros da sociedade, ainda que para isso fosse necessário tomar a liberdade dos mesmos. Por oposição, também surgiram aqueles que afirmavam que a democracia somente seria plenamente expressa se fosse conferida irrestrita liberdade a todos, de maneira que cada cidadão respondesse individualmente por seus próprios atos — ainda que, em virtude disso, a igualdade entre os membros dessa sociedade fosse quebrada. Por questões puramente ideológicas, os políticos com preocupações similares passaram a se distribuir em grupos, sendo que os representantes do primeiro se reuniam no lado esquerdo da Assembléia Francesa, enquanto os do segundo se concentravam no lado direito. Vêm daí as denominações que, até hoje, identificam os políticos ou partidos como sendo "de direita" ou "de esquerda".

Qual das seguintes alternativas, se verdadeira, mais enfraqueceria a conclusão do texto acima?

a) Nos países parlamentaristas, o primeiro-ministro é escolhido entre os deputados do partido majoritariamente votado.

b) Para os partidos de esquerda, a prioridade é a promoção de ações que diminuam a pobreza e suas conseqüências nefastas.

c) Para os partidos de direita, a prioridade é a promoção da livre iniciativa e das liberdades individuais.

d) A classificação dos políticos em grupos está freqüentemente associada a sua conduta em relação à honestidade.

e) As denominações "progressistas" e "conservadores" são mais apropriadas para caracterizar posições políticas.

524. Serão os combustíveis derivados da biomassa, de fato, uma alternativa viável para equacionar a questão energética? Essa é uma pergunta que desafia seriamente os que se propõem compreender os rumos da civilização. Segundo cientistas das Universidades de Comeu e da Califórnia (Berkeley), a resposta é que não há benefício energético em utilizar a biomassa das plantas para produzir combustíveis líquidos. Eles estudaram as matrizes energéticas de *inputs* para produzir etanol a partir de biomassas de milho, de capim e de madeira, bem como para produzir biodiesel a partir da soja e do girassol. No caso da soja, concluíram que a produção de uma unidade de energia gasta 1,27 unidades de energia fóssil, ou seja, implica um déficit energético de 27%. Para o milho, a lacuna aumenta para 29%; para o capim, 45%; para a madeira, 57% e, para o girassol, alarmantes 118%.

No texto acima, admite-se que:

a) A deseconomia na produção de combustíveis alternativos deixa clara a conclusão de que os derivados do petróleo são a única alternativa energética viável.

b) Há relatos freqüentes sobre o sucesso de experiências que envolvem o uso do hidrogênio como alternativa energética e, por isto, essa opção deve ser adotada rapidamente.

c) Apesar do déficit energético, eventuais programas para produzir combustíveis alternativos a partir de biomassa têm sido desenvolvidos por outras motivações, como a estratégica.

d) Algumas montadoras já lançaram no mercado modelos híbridos, que combinam o uso de gasolina e eletricidade e, se isso se expandir, a necessidade de se buscarem combustíveis alternativos diminuirá.

e) Como o Brasil tem disponibilidade de áreas agricultáveis, além de sol e de água em abundância, podemos produzir combustíveis de biomassa com maior eficiência energética do que diz o texto.

525. Nos tempos atuais, os conflitos no Iraque e a instabilidade no Irã têm afetado os preços do petróleo, mas o fato é que a sua produção já atingiu o limite imposto pela natureza. Nas crises anteriores, os preços do barril "explodiam" devido aos conflitos que limitavam a produção e a oferta. O choque da década de 1970, por exemplo, foi influenciado pelo confronto árabe-israelense, em 1973, e pela queda do Xá do Irã, em 1979.

O que se conclui a partir da leitura do texto acima?

a) Solucionados os problemas políticos dos países produtores, a tendência é de que os preços do petróleo voltem aos patamares anteriores.

b) Se o Iraque e o Irã ampliarem os volumes de produção, a normalidade no mercado mundial de petróleo poderá ser restaurada.

c) As restrições políticas têm sido, historicamente, o principal componente das crises do petróleo, e essa situação permanecerá.

d) O desenvolvimento de combustíveis alternativos mudaria a situação das matrizes energéticas dos países consumidores de petróleo.

e) As restrições à produção internacional do petróleo foram deslocadas de uma perspectiva política para uma estritamente natural.

526. Sob uma burocracia de Estado competente e meritocrática, relativamente imune a pressões políticas, capaz de estabelecer um planejamento racional para uma trajetória superdinâmica de acumulação produtiva — tanto por parte do setor estatal como de seu pujante setor privado emergente —, e contando com um sistema bancário "socializado" que mobiliza e oferta crédito barato de longo prazo segundo as prioridades estabelecidas, a China vem crescendo nas últimas duas décadas e meia a uma taxa média de 9,5% ao ano. Desde 1980, sua renda *per capita* aumentou 300%, universalizou-se a educação básica e o percentual de jovens que freqüentam universidades subiu de 2,2% para 21%, concentrados em engenharias e em carreiras técnicas. No mesmo período, as exportações chinesas, saindo de 0,9%, alcançaram 6,5% das exportações mundiais em 2004, e assim a China se transformou no terceiro protagonista do comércio mundial.

Qual das seguintes alternativas pode ser inferida a partir da leitura do texto acima?

a) O fato de a China apresentar desempenho superior no campo econômico é decorrente de um imenso excedente populacional que redunda na disponibilidade perene de mão-de-obra abundante e barata.

b) A opção chinesa, que envolve abertura econômica ampla e controle social severo, propiciou às condições políticas indispensáveis para aliar desenvolvimento sustentável e estabilidade.

c) Já que o sistema chinês é relativamente imune a pressões políticas, foi-lhe possível executar consistentemente um planejamento racional, o que colocou a China em melhor posição do que as de outras nações.

d) Outros países em desenvolvimento não lograram crescimento nos patamares chineses devido à existência de condições políticas desfavoráveis que não lhes permitiram adotar estratégias competitivas.

e) Se outros países em desenvolvimento adotarem os mesmos fundamentos econômicos escolhidos e implementados pela China, certamente obterão os mesmos resultados em termos de desempenho.

527. Quando trocou de carro, uma empresária carioca de 46 anos levou em conta as vontades de sua cadela de estimação, da raça labrador. Ela afirma que se o vendedor não deixasse a cadela entrar no carro para fazer o *test-drive*, não o compraria: "A palavra final é dela". O carro é apenas uma das coisas que a cadela decide na vida da empresária, que vive com o marido e o animal num amplo apartamento no bairro do Leblon. "Escolhe", por exemplo, a casa que a família aluga na Serra Fluminense durante as férias: deve ter piscina, porque a cadela gosta de nadar, e, como suas patinhas escorregam em tacos de madeira, o piso deve ser cerâmico. Computando-se ração, verduras orgânicas, consultas a dermatologistas, endocrinologistas e todo tipo de agrados disponíveis nos *pet shops*, os gastos com o animal ultrapassam os R$1.200,00 mensais.

O que se conclui a partir da leitura do texto acima?

a) Para vender alguns produtos, os empresários precisam levar em conta a opinião de seus animais de estimação.

b) Essa família, especificamente, tem dinheiro suficiente para cobrir todas as suas necessidades.

c) O animal de que trata o texto tem gostos e preferências que não são muito comuns entre os animais.

d) É uma inversão de valores que um animal tenha tanta atenção quando há crianças que passam fome.

e) Essas pessoas, especificamente, tratam seu animal de estimação como se fosse um membro da família.

528. O chamado "cadastro positivo" de crédito vem sendo discutido há bastante tempo. Trata-se de um sistema criado pelo Banco Central que registra o histórico das operações de crédito de clientes dos bancos. O sistema conterá informações sobre as operações de crédito feitas nos 13 meses anteriores à consulta, mas só serão incluídos nele os clientes cujas dívidas bancárias totalizem mais de R$5.000,00. Deverão estar disponíveis dados como o total de empréstimos contraídos, eventuais atrasos no pagamento, juros cobrados pelos bancos e os prazos de vencimento das dívidas. Especialistas dizem que o novo mecanismo exercerá papel fundamental na redução das perdas com devedores duvidosos, na ampliação da concorrência no sistema financeiro e, conseqüentemente, na expansão da oferta de crédito e na redução do *spread* bancário — nome dado à diferença entre a taxa de juros que os bancos pagam para captar recursos no mercado e aquela cobrada nos empréstimos concedidos aos clientes.

Qual das seguintes alternativas constitui a conclusão mais apropriada para o texto acima?

a) Os clientes cujas dívidas bancárias situam-se abaixo de R$5.000,00 não interessam ao comércio varejista.

b) Ao conhecer melhor seus clientes, os bancos correriam menor risco de inadimplência e, por conseguinte, poderiam reduzir o *spread*.

c) O "cadastro negativo", que identifica os maus pagadores, poderia servir para as mesmas finalidades, sendo operado pelos mesmos funcionários.

d) Clientes que não atrasam prestações nem deixam de pagar o que devem não precisam desse tipo de comprovação.

e) A partir da implantação do cadastro positivo, os bons pagadores poderiam solicitar e receber empréstimos de valores maiores.

529. As famílias brasileiras fazem 20% de suas compras utilizando cartões de crédito, de débito e de lojas, mas a utilização desses cartões chegará a 35% dos pagamentos em cerca de dez anos. A previsão consta de um estudo da Associação Brasileira de Empresas de Cartões de Crédito e Serviços, que também faz outros prognósticos sobre a evolução do uso dessa modalidade de transação: os cartões de débito respondem por 8% das compras feitas no país, mas em 2015 responderão por 12%; os cartões de crédito, antes restritos às classes A e B, estarão também disseminados nas classes C e D; por fim, os cartões de loja passarão a ser utilizados por pequenos e médios comerciantes.

Qual das seguintes alternativas constitui a conclusão mais apropriada para o texto acima?

a) O uso de meios alternativos de pagamento apresenta vantagens em relação ao papel-moeda.

b) Ao utilizar cartões, os consumidores obtêm descontos, participam de premiações e muitas outras vantagens.

c) As operadoras de cartões estão adaptando seus serviços a outras classes sociais, principalmente as mais baixas.

d) Atualmente, um quinto das famílias brasileiras fazem compras com cartões de débito, de crédito e de lojas.

e) Respondendo por 8% do total de utilização em compras, os cartões de débito lideram o setor, e a previsão é de que se chegue a 12% em 2015.

530. Em meados dos anos 1980, John Lasseter fez uma aposta arriscada. Animador recém-formado, ele tinha aquilo que qualquer profissional da área ambicionava: um emprego nos estúdios Disney. Contudo, seduzido por uma novidade em que poucos tinham fé, a animação digital, ele se transferiu da empresa número 1 do setor para um ateliê que dava os primeiros passos no uso do computador para produzir desenhos. Era, de fato, um negócio de visionários, e logo esse estúdio incipiente chamado Pixar se tornaria a propriedade de Steve Jobs, empreendedor então demitido da companhia que ele mesmo fundara, a Apple. Vista em retrospectiva, a manobra de Lasseter foi uma jogada de mestre: Jobs recuperou o controle da Apple, e a Pixar é hoje a principal e a mais criativa usina de animação do mundo.

Qual das seguintes alternativas pode ser inferida a partir da leitura do texto acima?

a) Lasseter acreditou que poderia seguir o exemplo de Jobs, e tornar-se o homem forte da Pixar.

b) Por causa de Lasseter, a Pixar, outrora um pequeno ateliê, tornou-se a principal empresa do mundo no mercado de animação.

c) Lasseter avaliou que, mais do que a Disney, a Pixar oferecia potencial para o alcance de seus objetivos profissionais.

d) Antes um pequeno ateliê que atuava numa área incipiente, a Pixar se tornou uma empresa maior do que a concorrente Disney.

e) Lasseter atingiu seu objetivo de tornar-se dirigente da principal empresa de animação do mundo.

531. As crises da agricultura brasileira são cíclicas: desde os anos 1980, há duas delas por década. A mais recente começou em 2004 e calcula-se que, até o final deste ano, os prejuízos por ela causados somem R$30 bilhões. As dívidas dos agricultores ultrapassam R$250 bilhões, e as estimativas mais conservadoras indicam o desaparecimento de 100 mil postos de trabalho em decorrência da crise atual. Poucas vezes na história o setor sofreu danos tão grandes, mas esse é apenas um dos aspectos singulares dessa crise. O mercado acredita que os principais fatores de agravamento da crise atual foram a desvalorização cambial, que diminuiu as receitas do campo, e o alastramento da ferrugem asiática, praga causada por um fungo que diminui a produtividade da lavoura. Parece que, desta vez, a solução do problema não está ao alcance dos meios de que dispõe o governo para combater situações desse tipo.

Qual das seguintes alternativas, se verdadeira, mais enfraqueceria a conclusão do texto acima?

a) A revista *Science* publicou recentemente um artigo em que cientistas afirmam ter desenvolvido um pesticida eficaz contra a ferrugem asiática.

b) O governo tentou intervir no câmbio, apesar de não ter alcançado sucesso, e tem financiado há anos diversas pesquisas com o objetivo de eliminar a ferrugem asiática.

c) É consenso entre os economistas liberais que o governo não deve intervir para estabelecer o câmbio em patamares artificiais.

d) O mercado admite que os agricultores poderiam enfrentar a crise se houvesse um programa de financiamento público que oferecesse juros subsidiados ao setor.

e) O governo atuou com firmeza para debelar as crises anteriores da agricultura, e suas ações nesse campo foram comprovadamente bem-sucedidas.

532. Aparentemente, é uma contradição que as empresas que comportam funções técnicas altamente especializadas se esforcem para conseguir no mercado profissionais qualificados, que ofereçam-lhes altos salários em troca de seu invulgar conhecimento e depois permitam, ou até estimulem, que esses profissionais passem a dedicar cada vez mais tempo a atividades administrativas.

Qual das seguintes alternativas melhor resolve a aparente contradição no texto acima?

a) Os talentos administrativos são mais comuns que os técnicos. Assim, é preciso permitir que todos os profissionais possam progredir na carreira.

b) Geralmente, pessoas com alta qualificação técnica têm títulos acadêmicos e extensa experiência em pesquisa, o que faz com que seus salários sejam mais altos.

c) Profissionais com elevada qualificação técnica muito raramente desenvolvem habilidades que permitam desempenho satisfatório na área administrativa.

d) Invariavelmente, os salários na área técnica são muito melhores do que os oferecidos para as atividades administrativas, o que torna equivalentes as duas áreas.

e) A união de elevados conhecimentos técnicos e capacidade administrativa pode melhorar significativamente o desempenho de unidades geridas por pessoas com esse perfil.

533. No início da década de 1940, Abraham Maslow desenvolveu sua teoria sobre a hierarquia das necessidades humanas, a partir da qual é possível inferir o que motiva cada pessoa. Segundo Maslow, o princípio básico da motivação está fundamentado no fato de que uma necessidade satisfeita não é um motivador de comportamento. A partir dessa visão, o progresso das pessoas seria causado por seu esforço para satisfazer suas próprias necessidades. Quando uma necessidade prioritária é satisfeita, ainda que não o seja a saciedade, outras sempre surgem e ocupam o primeiro lugar na lista de prioridades.

O que se conclui a partir da leitura do texto acima?

a) O que motivaria as pessoas seriam, na realidade, as necessidades insatisfeitas.

b) O que motivaria as pessoas seria, na realidade, o desejo de progredir na vida.

c) O que motivaria as pessoas seria, na realidade, sua capacidade de eleger prioridades.

d) O que motivaria as pessoas seria, na realidade, a ausência de necessidades insatisfeitas.

e) O que motivaria as pessoas seriam, na realidade, as necessidades satisfeitas.

534. Não é só o Brasil que está preocupado com a diversificação de sua matriz energética. Diante da alta persistente do preço do petróleo, o governo americano tem buscado alternativas para reduzir o preço médio do galão (3,8 litros) de gasolina, que já atingiu US$3,50. O volume de produção de etanol a partir do milho nos EUA é quase igual ao do Brasil, que o produz a partir da cana-de-açúcar: 16 bilhões de litros em 2005. No entanto, a produção norte-americana corresponde a pouco mais de 10% dos 140 bilhões de galões de gasolina consumidos: aquele país tem ampliado a produção anual de etanol em 25%, com grandes subsídios governamentais a agricultores e usineiros — projeta-se um consumo de 28 bilhões de litros para 2012. Diante disso, o governo americano iniciou negociações no Congresso para reduzir a tarifa de importação, atualmente em US$0,55 por galão de álcool. A proposta deve encontrar muita resistência, particularmente da bancada ruralista republicana, para quem o país estaria recuando em seus esforços para alcançar a independência energética.

Qual das seguintes alternativas, se verdadeira, mais fortaleceria a conclusão do texto acima?

a) O Japão tem discutido a adoção de leis que deverão restringir severamente o uso de hidrocarbonetos para fins industriais, com o objetivo de controlar a poluição.

b) Não se tem notícia de outro programa energético no mundo que, a exemplo do brasileiro, tenha o objetivo de ampliar o número de opções para geração de energia.

c) A União Européia tem adotado leis que incentivam as empresas a experimentar nos processos produtivos o uso de novos combustíveis alternativos, como o hidrogênio.

d) Os países produtores de petróleo estão preocupados com a elevação dos preços internacionais do produto, já que isso pode causar instabilidade nos mercados.

e) A diversificação da matriz energética global é a única alternativa viável para se evitar, ou pelo menos postergar, o evidente colapso ambiental para o qual estamos caminhando.

535. No Reino Unido, a ecologia vai virar política de Estado. Os dois mais fortes candidatos à sucessão do atual primeiro-ministro competem pelo título de maior amigo da natureza. Um deles prometeu trocar o carro dos parlamentares por outro modelo, elétrico. O outro, que é um poderoso ministro do governo atual, anunciou que vai sugerir aos demais países desenvolvidos a criação de um fundo para financiar a redução das emissões de gás carbônico nos países mais pobres.

Todas as alternativas podem ser inferidas a partir da leitura do texto acima, EXCETO:

a) O eleitorado britânico considera que a ecologia é um tópico importante.

b) As propostas dos candidatos estão refletindo a opinião dos eleitores.

c) Candidatos não-ecológicos poderão não se eleger no Reino Unido.

d) O governo britânico assumiu a importância da ecologia.

e) Carros elétricos agridem menos o meio-ambiente.

536. O atendimento dos *call centers* das empresas tem deixado o consumidor brasileiro descontente: pesquisa realizada com 13 mil pessoas em quatro capitais brasileiras revelou que 56% dos que precisaram dos serviços não tiveram solução para o problema apresentado. O percentual de insatisfação é considerado elevado, em comparação com a média desejável de 28% estabelecida pelo chamado "padrão Brasil". O elevado índice de insatisfação é atribuído, principalmente, à sensação de descaso que os consumidores experimentam quando não são atendidos adequadamente. O grande vilão do *call center*, segundo a pesquisa, é o atendimento eletrônico, com longas e mal-administradas esperas e diversas dificuldades de contato com o atendente; a seguir, vêm o tempo excessivo de espera da transferência do atendimento eletrônico para o humano e a longa duração de todo tipo de mensagens. A falta de cumprimento de prazos, a qualidade da solução dos problemas apresentados pelos clientes e a do atendimento humano também entraram na lista de defeitos do serviço.

Qual das seguintes alternativas, se verdadeira, mais fortaleceria a conclusão do texto acima?

a) No Brasil, tem crescido de forma vigorosa o mercado para empresas de *call center*, pelo seu potencial de gerar satisfação na clientela.

b) O governo japonês restringiu drasticamente as licenças para atendimento de clientes via *call centers*.

c) O IBOPE acusou queda nas taxas de insatisfação de clientes com atendimento via *call centers*.

d) As empresas têm ampliado seus serviços de *call center*, respaldadas pela satisfação dos clientes.

e) No Brasil, o mercado para empresas especializadas em serviços de *call center* tem diminuído significativamente.

537. No passado recente, dentre as empresas estrangeiras que atuam no Brasil, os bancos são os que mais têm enviado dinheiro para fora do país. Entre janeiro de 2005 e março de 2006, as empresas financeiras mandaram US$2 bilhões para o exterior — o equivalente a quase 40% do total de remessas feitas no período. Em segundo lugar nessa lista, figuram as empresas da área de alimentos e de bebidas que, no mesmo período, enviaram US$1,172 bilhão. Logo depois vêm as chamadas *holdings*, empresas cujo único negócio é administrar outras empresas, que mandaram US$1,015 bilhão para fora do país em 15 meses. Juntos, esses três grupos responderam por 75% das remessas efetuadas entre 2005 e 2006. Além dessa concentração, chama a atenção o fato de as empresas que mais enviaram recursos para o exterior não serem, necessariamente, como antes, aquelas que mais receberam investimentos estrangeiros ao longo dos anos.

Todas as alternativas podem ser inferidas do texto acima, EXCETO:

a) As empresas financeiras, de alimentos e de bebidas e as *holdings* foram as que mais lucraram no período.

b) As empresas financeiras, de alimentos e de bebidas e as *holdings* têm compromissos financeiros no exterior.

c) Não é possível saber se as empresas dos setores financeiro, de alimentos e de bebidas e as *holdings* tiveram bom desempenho no período.

d) O setor bancário é, provavelmente, o que movimenta mais recursos entre os três mencionados.

e) O *ranking* do envio de recursos ao exterior era diferente no passado mais remoto.

538. Em tese, não há nada mais difícil do que administrar uma vida em que se tem tudo o que se quer, em que todos os objetivos, praticamente, tenham sido atingidos. Digamos que as fadas existam e que uma delas, com um toque da varinha de condão, faça com que todos os nossos sonhos virem realidade — todos de uma vez só; num primeiro momento, aquela necessidade de falar com alguém será premente, pois a felicidade é apenas parcial se não houver um amigo para quem contar nossas venturas. Aí, depois do susto, dormimos mal diante de tantas emoções. Acordamos no dia seguinte, adaptamo-nos às novas circunstâncias (coisa facílima quando elas são boas) e, uma semana depois, percebemos que, como agora temos tudo o que sempre se quis, a vida ficou meio sem graça, sem sentido. A tragédia pessoal definitiva adviria se estivesse implícito que nunca mais desejaríamos nada diante da realização de todos os nossos desejos.

Qual das seguintes alternativas é admitida a partir da leitura do texto acima?

a) A conclusão do texto é uma bobagem, pois fadas não existem e, muito menos, varinhas de condão.

b) O texto apresenta uma metáfora para a velhice de pessoas muito bem sucedidas durante sua vida produtiva.

c) O texto defende a idéia de que situações de privação são necessárias para se alcançar a felicidade.

d) Quando não há mais o que conquistar, as pessoas não têm mais desafios e desaparece a motivação para melhorar a vida.

e) Assusta as pessoas a possibilidade de, um dia, acordar sem a necessidade de conquistar alguma coisa.

539. Recentemente, a Boeing recebeu a visita do presidente chinês para uma festa apoteótica nas instalações de sua fábrica em Seattle. A direção da empresa e 5.000 funcionários — de um total de 150.000 — homenagearam a China como a maior compradora de seu mais novo modelo, previsto para voar comercialmente apenas daqui a um ano. Das 350 unidades vendidas, 60 atenderão às companhias aéreas chinesas. A Boeing resolveu fazer alarde do negócio porque raras vezes um fabricante de aviões depositou tantas esperanças em um único modelo — primeiramente porque, em 2005, a empresa viu sua arqui-rival, a Airbus, ultrapassá-la na quantidade de aeronaves vendidas; em segundo, porque o novo modelo 787, o primeiro novo modelo lançado em uma década, incorpora inovações tecnológicas que podem transformar os padrões da indústria aeronáutica. Essas inovações possibilitam significativa economia de combustível e, para o passageiro, prometem tornar mais agradável a experiência de voar.

Qual das seguintes alternativas constitui a conclusão mais apropriada para o texto acima?

a) Os compradores das 350 unidades acreditam que o novo modelo 787 da Boeing é superior aos modelos vendidos pela Airbus.

b) Os chineses agora acreditam veementemente que o novo modelo 787 da Boeing é superior aos modelos vendidos pela Airbus.

c) Com seu novo modelo 787, a Boeing conseguiu finalmente recuperar a liderança mundial do mercado aeronáutico em 2006.

d) Os chineses, maiores compradores de aviões do mundo, passaram a ser considerados os melhores clientes da Boeing.

e) A visita do presidente chinês ilustra muito bem a maneira como as grandes corporações tratam seus clientes especiais.

540. O lançamento aconteceu em 29 de julho de 1925, com uma edição vespertina que vendeu 33.435 exemplares. Hoje, o jornal O Globo vende 260 mil exemplares nos dias úteis e 380 mil aos domingos. As evoluções não param por aí: enquanto a primeira edição foi impressa em uma rotativa francesa que já tinha sido usada durante a Primeira Guerra

Mundial, atualmente o jornal é impresso no mais moderno parque gráfico da América Latina, inaugurado em 1999, na Rodovia Washington Luís, no Rio de Janeiro. Durante toda a sua trajetória, a inovação foi urna das marcas registradas do jornal, cujo nome foi uma escolha dos leitores, como aconteceria no lançamento do segundo jornal das Organizações Globo, o *Extra*, 75 anos depois. Pode-se dizer, então, que *O Globo* é um exemplo único de inovação e de dinamismo no jornalismo brasileiro.

No texto acima, admite-se que:

a) As características empresariais das Organizações Globo são consideradas exemplares no meio jornalístico.

b) As características empresariais do jornal *O Globo* foram importantes para a conquista da liderança de mercado no setor.

c) Na realidade, não se sabe se as características do jornal *O Globo* são ou não disseminadas no jornalismo brasileiro.

d) Na realidade, o jornal *O Globo* tornou-se um dos mais influentes do país por causa de sua linha editorial.

e) Não é possível dizer se a tecnologia foi um fator decisivo para o jornal *O Globo* ser considerado inovador.

541. Abílio e Natália são executivos da mesma empresa e estão envolvidos no lançamento de um novo produto, provisoriamente denominado P23. Abílio defende a idéia de atribuir preço alto ao P23, argumentando que isso trará mais prestígio à imagem do produto. Adicionalmente, afirma que, mesmo vendendo menos do que se o preço fosse mais baixo, o preço alto proporcionará um retorno bem mais rápido do investimento para a empresa. Já Natália acredita que uma imagem de prestígio é supérfula para um produto como o P23. Ela entende que a maior parte das pessoas que se disporiam a comprar o produto pertence às classes mais baixas, que geralmente procura preços mais em conta.

Qual das seguintes alternativas melhor resume o argumento de Abílio?

a) Abílio acredita que o fato de proporcionar prestígio à imagem do P23 permitir-lhe-á cobrar um preço mais elevado pelo produto.

b) A empresa tem vantagem ao praticar um preço mais alto, o que é bem visto por clientes que preferem produtos de prestígio.

c) O preço menos elevado do P23 permitiria o acesso de um maior número de potenciais consumidores a ele. •

d) Produtos de prestígio, ao contrário de produtos populares, proporcionam maior retorno aos fabricantes.

e) Produtos de prestígio possibilitam à empresa, independente das decisões sobre o nível dos preços, retornos maiores.

542. A história do *marketing* está recheada de casos de campanhas de comunicação mal-sucedida. Pesquisas revelaram que o elemento fundamental para o sucesso ou o fracasso de uma campanha é que o público-alvo acredite que receberá o correspondente ao conteúdo da mensagem que lhe chega aos sentidos. A esse respeito, conta-se que os exploradores das fronteiras da civilização, desde os tempos das caravelas, tinham dificuldades de aregimentar tripulantes para suas expedições, em função dos perigos, das doenças e do pequeno número dos que conseguiam voltar para casa sãos e salvos. Para compensar, precisavam oferecer muitas vantagens financeiras extensíveis aos familiares, que, provavelmente, perderiam o ente querido. Segundo a revista *Marketing*, a melhor propaganda de todos os tempos foi produzida por um explorador polar no ano de 1990, com o objetivo de recrutar pessoas para sua expedição:

"Procuram-se homens para uma jornada perigosa. Salários baixos. Muito frio. Longos meses de completa escuridão. Perigo constante. Retorno a salvo duvidoso. Honra e reconhecimento em caso de sucesso."

O contratante esperava receber pouco mais de 50 respostas, mas recebeu 15 mil.

A partir da leitura do texto, qual das seguintes alternativas melhor representa a razão para o sucesso da propaganda produzida pelo explorador?

a) Em função da realidade social, o explorador obteve um retorno milhares de vezes maior do que constituía a sua expectativa inicial.

b) Em tempos passados, a dificuldade de conseguir tripulantes era contornada pela oferta de vantagens atraentes.

c) Os que responderam ao chamado valorizaram a transparência da propaganda, o que evitaria surpresas.

d) Riscos físicos, baixos salários, desconforto e frio declarados representam o que as pessoas valorizavam naquela época.

e) Uma tendência atual no recrutamento de pessoal é a utilização de uma linguagem direta, objetiva e baseada em fatos.

543. A procura e a contratação de bons profissionais são questões que preocupam os gestores há mais de dois mil anos. Conta-se que a primeira iniciativa documentada de selecionar pessoas adequadas para as funções que desempenhariam data de 207 a.C., na China, quando os encarregados dos negócios de governo da dinastia Han criaram uma extensa e pormenorizada estrutura de cargos para os funcionários públicos, cada um com uma detalhada descrição das tarefas a ele atinentes. Não obstante a longevidade dessa preocupação, os freqüentes casos de insucesso na tarefa de encontrar as pessoas certas para os lugares certos ainda hoje fazem com que essa seja uma atividade cujas bases teóricas parecem não ter encontrado repercussão satisfatória na prática de muitas organizações.

Assinale a alternativa que apresenta a premissa básica sobre a qual foi construído o texto.

a) A aplicação da teoria na área de recrutamento e seleção de pessoas ainda não pode ser considerada completa.

b) Antigamente, a atividade de administrar era mais complexa e difícil do que nos dias de hoje; por isso, havia maiores dificuldades.

c) Desde sempre, os indivíduos têm características diferentes, o que torna alguns mais adequados para tarefas específicas.

d) Existe grande dificuldade em se definir as características adequadas dos ocupantes de cargos quaisquer para o desempenho de suas respectivas atividades.

e) Os administradores públicos chineses, durante a dinastia Han, eram exatamente avançados para a época.

544. Em um evento para discutir questões referentes ao setor aéreo brasileiro, dois participantes debatem sobre o que tem sido feito nos últimos anos.

Debatedor 1: O número de registros de ocorrências aéreas na Região Sudeste do Brasil diminuiu depois que as autoridades decidiram aumentar o número de controladores de vôo, no início do ano passado. Isso prova que, havendo número suficiente de controladores, a segurança do tráfego aéreo pode se manter nos padrões ideais. Contudo, ocorrências aéreas nem sempre significam acidentes aéreos.

Debatedor 2: Analisando cuidadosamente todas as informações disponíveis, constata-se que o número de registros de ocorrências aéreas começou a diminuir dois anos atrás, quando os equipamentos antigos de controle de vôo foram substituídos por outros, de última geração, capazes de facilitar muito o serviço dos controladores e dar-lhes mais segurança para trabalhar.

Qual das seguintes alternativas melhor descreve a fragilidade do argumento do debatedor 1 na visão do debatedor 2?

a) O efeito da redução dos registros de ocorrências aéreas pode ser temporário, de acordo com a época do ano.

b) O efeito da redução dos registros de ocorrências aéreas deu-se apenas em espaço geográfico limitado: a Região Sudeste do Brasil.

c) O efeito da redução dos registros de ocorrências aéreas não pode ser considerado significativo, pois não há números para avaliá-lo.

d) O efeito da redução dos registros de ocorrências aéreas pode ser anterior à causa apontada pelo debatedor 1.

e) O efeito da redução dos registros de ocorrências aéreas não pode ser mensurado apenas pelos números de controladores.

545. O número de automóveis vendidos no Brasil chegou aproximadamente 2,5 milhões de unidades em 2007. Dez anos antes, não chegava a 1 milhão/ano.

As seguintes alternativas, se verdadeiras, podem ajudar a explicar o aumento da venda de automóveis entre 1997 e 2007, EXCETO:

a) A liberação das importações de carros forçou a queda dos preços.

b) A renda *per capita* do trabalhador brasileiro subiu 35% no período.

c) A venda de peças e acessórios automotivos triplicou no período.

d) As reduções nas taxas de juros baratearam o crédito ao consumidor.

e) Em relação aos salários, os carros ficaram mais baratos no período.

546. Os agricultores brasileiros estão otimistas e deverão comemorar os resultados financeiros da safra de 2008. Após dois anos em queda, os preços dos principais produtos agrícolas nacionais apresentavam tendência de alta no final de 2007, e tudo indica que esse cenário tem tudo para durar, pelo menos até 2010. A única exceção, para a qual há projeção de queda nos preços, apesar de muito se propalar o contrário, é a cana-de-açúcar.

As seguintes alternativas, se verdadeiras, podem ajudar a explicar o otimismo dos agricultores brasileiros, EXCETO:

a) A forte e contínua expansão da indústria têxtil chinesa está puxando para cima os preços internacionais do algodão.

b) A safra de milho na Europa foi um fracasso em 2000, e a situação não deve se reverter tão cedo. O Brasil está suprindo a falta do produto no mercado.

c) Depois de décadas, o Brasil está logrando produzir o chamado "café de qualidade", que alcança preços muito superiores no mercado.

d) No caso da soja, a demanda mundial estará aquecida graças à pecuária, que utiliza o grão na composição de rações.

e) Os biocombustíveis e o combate às emissões de carbono têm provocado debates sobre a expansão da indústria sucroalcooleira.

547. Abrir um novo negócio sem recorrer a empréstimos bancários e a juros extorsivos é uma alternativa viável. Basta procurar, com cuidado, capitalistas que estão em busca de oportunidades para investir. Basicamente, podemos encontrar duas categorias desses "caçadores de oportunidades": os fundos de capital de risco e os "anjos". Os fundos obedecem a uma legislação própria, são constituídos por grupos de investidores, são gerenciados por empresas especializadas e buscam, principalmente, negócios já iniciados que apresentam bons indícios de que vão desenvolver com vigor. Já os "anjos" são investidores que buscam, individualmente, oportunidades em projetos ainda incipientes, nos quais identifiquem peculiaridades que possam prenunciar bons retornos no futuro.

Qual das seguintes alternativas, se verdadeira, mais enfraquecerá a conclusão do texto acima?

a) A crise internacional fez os investidores se retraírem. Agora, qualquer tipo de financiamento só é possível por meio das instituições financeiras tradicionais e se forem oferecidas garantias sólidas.

b) Já se encontram em todo o mundo organizações especializadas em intermediar o relacionamento entre empreendedores e pessoas dispostas a "apadrinhar" projetos inovadores.

c) Nos últimos anos, cada vez mais empreendedores preferem iniciar seus negócios buscando parceiros que compartilhem os riscos, em vez de contraírem dívidas.

d) O *Financial Times* afirmou em artigo que o Brasil parece estar imune às turbulências da crise internacional, mas alertou para a necessidade de incremento nas reformas estruturais.

e) O governo mudará a legislação sobre os fundos de investimento de risco, pois detectou que alguns deles objetivam tomar o controle dos negócios bem-sucedidos nos quais investem.

548. Em 2006, o setor moveleiro cresceu aproximadamente 17%, e a tendência se manteve em 2007, ano em que o crescimento atingiu 15%. Isso faz com que o setor seja considerado uma opção atraente para novos empreendedores, principalmente se for constatado um crescimento médio da economia brasileira em torno de 4% no período. Basicamente, podemos encontrar três motivos subjacentes a esse quadro: a recuperação do setor de construção civil, que impulsiona os negócios imobiliários; o aumento do poder aquisitivo das classes C e D; e a expansão do crédito, fomentada pela queda nas taxas de juros pelo aumento significativo dos prazos.

As seguintes alternativas NÃO podem ser admitidas de acordo com o texto acima, EXCETO:

a) Existem, pelo menos, três fatores subjacentes ao mencionado crescimento do setor imobiliário.

b) Fatores extrínsecos ao mercado moveleiro são determinantes para o desempenho desse setor.

c) O setor moveleiro reflete o desempenho do setor de construção civil desde o início da década.

d) Por si só, a expansão do crédito é o fator mais impactante para o crescimento do setor moveleiro.

e) Se a tendência de queda dos juros desaparecer, o setor moveleiro deixará de crescer.

549. A reconstrução do Japão após a Segunda Guerra Mundial foi uma tarefa descomunal, que exigiu de todos os japoneses sacrifícios e jornadas de trabalho muito mais extensas do que previa a legislação; e ninguém reclamava disso. Depois, ninguém se lembrou de exigir das empresas que voltassem à normalidade, e a carga de trabalho exaustiva passou a ser interpretada como um traço cultural. Somente nos anos 90, depois de reconhecer a existência do fenômeno *karoshi* (morte súbita decorrente do excesso de trabalho), o governo mudou a antiga lei, impondo punições às empresas que exigiam demais de seus trabalhadores. No entanto, as morte continuam ocorrendo em número assustador, e constatou-se que as empresas ainda obrigam os funcionários a trabalhar além do expediente, registrando a jornada extra como "trabalho voluntário". Há casos comprovados de funcionários que trabalham médias superiores a 80 horas adicionais por mês, sem a devida remuneração.

As alternativas seguintes NÃO podem ser inferidas a partir da leitura do texto acima, EXCETO:

a) As empresas, inclusive as japonesas, descumprem a legislação, sempre exigindo dos trabalhadores mais do que prescreve a lei.

b) Apesar de as empresas contrariarem a legislação, havia uma espécie de negligência geral que ajudou a manter a situação.

c) No caso em evidência, depois da mudança da lei, parece não ter havido fiscalização nas empresas. Se houve, ela não cumpriu seu papel.

d) O grande número de mortes por *karoshi* causou preocupação naqueles que podiam demandar do governo a mudança da legislação.

e) Traço cultural ou não, o fato é que muitos trabalhadores japoneses transigiram com a intenção das empresas de burlar a lei.

550. Seiscentos e cinqüenta empresários foram convidados a listar os principais motivos pelos quais um grande número de empresas naufraga ainda durante seu primeiro ano de existência. Eles apontaram o baixo faturamento (39%), produtividade insuficiente (33%), gastos excessivos (24%), brigas entre funcionários (20%), carência de mão-de-obra (18%), incapacidade para atrair clientes (15%) e conflitos com fornecedores (12%).

Qual das seguintes alternativas representa a conclusão mais apropriada para o texto acima?

a) Os empresários consultados apontaram predominantemente fatores internos para explicar o insucesso de empresas recém-construídas.

b) Os empresários consultados não estavam preparados para enfrentar os problemas de uma empresa recém-constituída.

c) O motivo indicado como o mais importante pelos empresários, o baixo faturamento, é o mais grave para as empresas.

d) As etapas iniciais de um novo negócio são perigosas, principalmente para quem não se prepara para os desafios do gerenciamento.

e) A conjugação de baixo faturamento e gastos excessivos é uma receita fatal para as empresas, em qualquer período de sua existência.

551. Estudo realizado em 2007 por pesquisadores independentes concluiu que criar um filho no Brasil de hoje é cinco vezes mais caro do que há trinta anos. Se a família for de classe média alta, entre o nascimento e o fim da faculdade – em média aos 23 anos - terão sido gastos, no mínimo, 1,6 milhão de reais. Para efeito de comparação, isso é oito vezes o gasto médio com combustível, pelos mesmos 23 anos, de uma família de quatro pessoas. Os itens que foram o portfólio de consumo pesquisado foram alimentação, saúde, empregada, fraldas, roupas, sapatos, esportes, férias, mesadas, festas, cinema, *shows*, equipamentos eletrônicos e brinquedos.

Qual da seguintes alternativas aponta uma fragilidade na construção do argumento central do texto acima?

a) A comparação direta entre gastos com a criação de filhos e gastos com combustível é imprópria.

b) O portfólio de consumo utilizado está incompleto pois despreza pelo menos um item essencial.

c) Os gastos médios, há trinta anos, eram efetivamente menores, pois menos gente ia à faculdade.

d) Se considerarmos a inflação no período, é natural que os gastos sejam mais elevados hoje em dia.

e) Sem a comparação com os gastos de outras classes sociais, nada se pode concluir a respeito.

552. Os chineses utilizam 3 bilhões de sacolas plásticas a cada dia, o que consome 37 milhões de barris de petróleo ano. Isso daria para abastecer os tanques de 118 milhões de automóveis. Para economizar petróleo, a China proibiu o uso dessas sacolas a partir de 2008. Elas ainda constituem um grande problema ambiental, pois permanecem na natureza por muito tempo depois de descartadas. A propósito, seu uso foi proibido na cidade do Rio de Janeiro, mas a medida foi suspensa pela Justiça logo em seguida, pois fora considerada ilegal.

Qual das seguintes alternativas representam uma conclusão adequada para o texto acima?

a) A China proibiu as sacolas plásticas para direcionar o petróleo consumido na produção delas ao abastecimento de automóveis.

b) A justiça do Rio de Janeiro suspendeu a proibição por não estar provado que as sacolas realmente ameaçam o ambiente.

c) A partir da proibição do uso de sacolas plásticas, a situação ambiental na China deverá melhorar gradativamente.

d) Em relação às sacolas plásticas, tanto na China como no Rio de Janeiro, existem interesses que se sobrepõem àqueles referentes à ecologia.

e) No Brasil, o impacto ambiental relacionado a produtos plásticos – inclusive sacolas – é muito menor do que na China.

553. Em 1942, o Brasil anunciou a erradicação da febre amarela de suas áreas urbanas. No final de 2007, foi divulgada a ocorrência, em hospitais do Rio de Janeiro e de São Paulo, de alguns casos cuja *causa mortis* específica fora essa doença, contraída por pessoas que haviam visitado áreas rurais e florestais – a maioria na Região Centro-Oeste do país. A imprensa divulgou amplamente o fato de, no Brasil inteiro, multidões terem acorrido aos postos de vacinação, temendo uma epidemia. Especialistas constataram tratar-se da versão silvestre da doença, cujos vetores da contaminação são mosquitos transmissores que picaram macacos infectados e, depois, tiveram contato com seres humanos. Afirmaram, ainda, que essa é a única maneira pela qual a doença é transmitida.

No texto acima, admite-se que:

a) A recorrente falta de recursos e de pessoal nos órgãos de vigilância sanitária propicia o agravamento de situações desse tipo.

b) O anúncio de 1942 era propaganda enganosa, pois, em pleno século XXI, ainda existem portadores da doença no Rio de Janeiro e em São Paulo.

c) O crescente número de pessoas contaminadas pode indicar que os especialistas não consideram outras formas de contaminação.

d) O grande afluxo de pessoas aos postos de vacinação demonstra a eficiência do sistema de combate às epidemias.

e) Uma associação entre desinformação e descrença, entre outros aspectos, poderia explicar o afluxo das multidões aos postos de vacinação.

554. Estudo realizado pelo IPEA (Instituto de Pesquisa Econômica Aplicada) revelou que o número de transplantes de órgãos no Brasil aumentou 20% entre 2004 e 2006. No mesmo período, contrariando a expectativa dos gestores, o tempo de espera por um transplante de coração aumentou 63%; por um fígado, 11%; e por um rim, 5%.

Qual das seguintes alternativas melhor explica a aparente contradição no texto acima?

a) Entre as possíveis causas da elevação do tempo de espera por certos tipos de transplante no período estão o aumento do número de pacientes, a escassez de doadores e a alteração de procedimentos.

b) Ocorreu um aumento generalizado do número de doadores de órgãos. Isso permitiu que, com a manutenção dos demais fatores, o número de transplantes aumentasse 20%.

c) O sistema de captação de órgãos, responsável pela gestão das informações e pela logística necessária para que os transplantes sejam bem-sucedidos, ameaça entrar em colapso.

d) Os transplantes de coração, de rim e de fígado diminuíram em função do sucesso de novas drogas, que reduziram o número de doentes. Assim, o tempo de espera por esses procedimentos aumentou.

e) Os transplantes de coração, de rim e de fígado aumentaram em função do sucesso de novas drogas. Assim, é natural que o tempo de espera seja menor para esses procedimentos.

555. Comparados aos veículos novos, aqueles velhos e mal conservados são os que mais poluem, quebram e atrapalham o trânsito. Pesquisas demonstram que os veículos antigos poluem até 30 vezes mais que os modernos, consomem 2 vezes mais combustível e são considerados responsáveis por 1 em cada 2 acidentes nas estradas. Dos estimados 26 milhões de veículos que rodavam no Brasil no final de 2007, 45% tinham mais de 10 anos de uso, e quase todos rodaram mais de 100 mil quilômetros. Na cidade de São Paulo, esse é o perfil da maioria dos 800 veículos guinchados diariamente.

As alternativas seguintes NÃO podem ser inferidas a partir da leitura do texto acima, EXCETO:

a) É premente a necesidade de se conceber e se implementar uma política pública que propicie a renovação da frota brasileira.

b) O problema dos veículos velhos só é importante nas grandes cidades, onde, quando quebram, tumultuam o trânsito.

c) Se os veículos velhos são responsáveis pelo dobro dos acidentes nas estradas, então também o são pelo dobro das mortes que resultam dessas ocorrências.

d) Se o poder público não tomar uma providência, logo a maioria da frota brasileira será de veículos velhos e mal conservados.

e) Trata-se de um problema insolúvel, pois os proprietários desses veículos não vão querer trocá-los nem repará-los.

556. O vazamento de material radioativo em Chernobyl, na Ucrânia, em meados da década de 1980, motivou o abandono dos planos de expansão da geração de energia nuclear ao redor do mundo. Entretanto, o paradigma mudou com o passar dos anos. Hoje, as usinas baseadas na fissão nuclear são consideradas fontes de energia limpa por emitirem pouco carbono e, em decorrência disso, contribuírem menos para o aquecimento global. Diversos países relevantes no cenário mundial têm feito investimentos substanciais nesse tipo de energia. Alguns dos países que o utilizam são: França (80% do total da energia elétrica produzida), que conta com 59 usinas em operação e 1 em construção; Japão (29%), que tem 55 usinas em funcionamento e 1 em construção; EUA (20%), onde funcionam 104 usinas e há 1 em construção; Rússia (17%), que dispõem de 31 usinas em operação e 7 em construção; e Brasil (3%), onde operam 2 usinas e há 1 em construção.

Qual das seguintes alternativas, se verdadeira, mais enfraqueceria a conclusão do texto acima?

a) Uma comissão internacional tem negociado com os iranianos as bases de um acordo que permitirá a fiscalização das instalações atômicas do Irã, que vem declarando fins pacíficos para a atividade.

b) Uma das soluções sugeridas para os resíduos radioativos das usinas atômicas prevê o uso das cavernas vazias criadas pela extração de petróleo. Alega-se que isso seria ambientalmente seguro.

c) Inúmeros países em desenvolvimento estão projetando a alteração de suas matrizes energéticas, de sorte contemplar o uso da energia nuclear para produzir eletricidade sem queimar petróleo.

d) As grandes montadoras multinacionais aderiram aos combustíveis alternativos. A maioria delas já dispõe de protótipos híbridos que combinam gasolina e hidrogênio.

e) A Agência Internacional de Energia (AIE) considera que as fontes energéticas ecologicamente mais corretas são, nesta ordem, solar, eólica, hidrogênica e hidroelétrica.

557. Os países da África podem ser considerados como eternos perdedores no processo de globalização econômica. Nos últimos anos, a taxa de crescimento da África Subsaariana – antigamente conhecida como África Negra -, cujos investimentos externos triplicaram desde o início da década de 90, ficou acima de 5%, contra 3,55 de média mundial. Angola cresce a quase 16% ao ano desde 2003; o Chade, ao redor de 12,5% ao ano; Uganda e Botsuana promoveram a abertura da economia, privatizaram empresas deficitárias e fizeram o que era preciso para atrair a atenção de investidores estrangeiros. Mesmo assim, o continente ainda é considerado pelo Banco Mundial o pior lugar do mundo para se fazerem negócios.

Qual das seguintes alternativas melhor explica a aparente contradição no texto acima?

a) Apesar dos evidentes avanços da economia africana, os investidores ainda nutrem preconceito contra o continente africano.

b) Apresentar indicadores de crescimento acima da média mundial não garante que um país seja uma boa oportunidade para se fazerem negócios.

c) Assim como se passa na África, vários países da América Latina têm trabalhado para reestruturar suas condições econômicas.

d) As maiores e mais sólidas economias africanas, o Egito e a África do Sul, há muito conquistaram a confiança relativa dos investidores.

e) Em função dos evidentes avanços da economia africana, os investidores reduziram muito o preconceito contra o continente africano.

558. Estratégias para aliviar os congestionamentos de trânsito nas áreas urbanas sempre esbarram no mesmo problema: muita gente simplesmente não se dispõe a abandonar o conforto do seu automóvel. Por isso, mesmo cidades que contam com extensas malhas de metrô ou de trem acabam convivendo com engarrafamentos infindáveis e ar carregado de monóxido de carbono. Especialistas apontam como solução (polêmica diga-se de passagem), a cobrança pelo uso do espaço público – no caso, as ruas e as avenidas. Por essa lógica, em vez de meramente se patrocinarem campanhas que incentivam o cidadão a ir de ônibus ou de metrô para o trabalho, deve-se avançar com grande ímpeto sobre seu bolso. Isso desestimularia o uso do veículo particular, desde que o cidadão chegue a seu local de trabalho nas mesmas condições que teria se utilizasse veículo próprio.

No texto acima, admite-se que:

a) Londres, Paris e Tóquio implementaram programas semelhantes, pelos quais atingiram diferentes resultados e graus de sucesso.

b) O sistema de transporte público deve apresentar condições adequadas de uso para que a proposta mencionada no texto funcione.

c) Em algumas cidades do mundo onde não há congestionamento, os ônibus são novos, confortáveis e pontuais.

d) Os indivíduos que dispõem de mais recursos dificilmente aceitariam abandonar seus carros para andarem de ônibus.

e) Se a iniciativa for adotada, muitos empregos relacionados ao uso de veículos particulares serão eliminados, o que é indesejável.

559. Alguns países, cuja economia está baseada exclusivamente na exportação de petróleo e gás, ainda mantêm sua moedas em regime de paridade com o dólar. Esses países, em decorrência da concentração econômica em apenas um setor, importam praticamente tudo o que consomem. Tudo deu certo até que as cotações da moeda americana começaram a despencar mundo a fora, enfraquecendo as moedas locais e aumentando drasticamente o custo das mercadorias compradas de lugares que não os EUA. Como resultado disso, a inflação desses países gira em torno dos 15% ao ano. A solução lógica é abandonar o dólar como referência e adotar uma cesta de outras moedas em que predomine o euro.

As alternativas seguintes, se verdaderias, fortalecem a conclusão do texto acima, EXCETO:

a) Desde o tratado de Bretton Woods, em 1944, não ocorria um abalo tão extenso na arquitetura das finanças internacionais, totalmente dolarizadas desde então.

b) Existe um movimento mundial em direção à substituição do padrão-dólar pelo padrão-euro. A modelo Gisele Bündchen só assina contratos cujos valores sejam expressos em euro.

c) Há em curso, no Banco Mundial, uma articulação para oferecer a esses países a opção de desenvolvimento econômico que permita diversificar suas atividades produtivas.

d) Mesmo a incorporação de novas reservas de petróleo aos estoques dos países produtores não soluciona a questão da elevação dos custos de suas compras internacionais.

e) O combate à inflação é um dos cânones da teoria econômica liberal contemporânea. Segundo ela, se for preciso mudar os padrões monetários, isso deve ser feito sem pestanejar.

560. Quando se trata de pesquisas com pessoas em empresas, alguns resultados são fáceis de se compreender; outros, nem tanto. A título de exemplo, uma universidade brasileira pesquisou 49.000 empreendedores e seu pequenos negócios nas regiões Sul e Sudeste. Vejam-se alguns resultados desse trabalho: negócios dirigidos por pessoas que cursaram o Ensino Fundamental obtêm lucros 72% maiores do que aqueles dirigidos por quem não tem instrução; e empresas localizadas a Região Sudeste têm lucros 47% maiores do que aquelas que estão na Região Nordeste. Surpreendente foi a constatação de que empresas dirigidas por homens têm mais chance de sucesso do que aquelas dirigidas por mulheres: eles obtêm lucros 54% maiores do que elas.

A partir da leitura do texto, qual das seguintes alternativas contém uma explicação plausível para as diferenças de desempenho em relação ao gênero?

a) Provavelmente, trata-se de um fenômeno cultural, pois sabe-se que as mulhres, em média, recebem salários menores do que os homens.

b) Provavelmente, os produtos que as empresas oferecem no Nordeste são de qualidade pior em comparação com os oferecidos no Sudeste.

c) Provavelmente, a amostra utilizada é de tamanho insuficiente para fornecer resultados representativos sobre a população estudada.

d) Provavelmente, há, na direção de pequenas empresas do Sudeste, mais empreendedores do sexo masculino e de grau de instrução elevado do que nas do Nordeste.

e) Provavelmente, empreendedores cujo grau de instrução é mais elevado têm maior capacidade de aprender boas técnicas para dirigir empresas.

GABARITO

476 – A	477 – D	478 – A	479 – B	480 – A
481 – C	482 – E	483 – B	484 – E	485 – A
486 – B	487 – D	488 – B	489 – C	490 – D
491 – B	492 – C	493 – E	494 – C	495 – A
496 – C	497 – B	498 – D	499 – B	500 – D
501 – C	502 – B	503 – D	504 – E	505 – E
506 – C	507 – E	508 – B	509 – B	510 – A
511 – D	512 – A	513 – B	514 – A	515 – B
516 – A	517 – D	518 – C	519 – E	520 – C
521 – E	522 – C	523 – D	524 – C	525 – E
526 – C	527 – E	528 – B	529 – A	530 – C
531 – D	532 – E	533 – A	534 – C	535 – D
536 – E	537 – A	538 – D	539 – A	540 – C
541 – B	542 – C	543 – D	544 – D	545 – C
546 – E	547 – A	548 – B	549 – C	550 – A
551 – B	552 – D	553 – E	554 – A	555 – A
556 – E	557 – B	558 – B	559 – C	560 – D

REFERÊNCIAS BIBLIOGRÁFICAS:

SÉRATES, Jonofon. Raciocínio Lógico: lógico matemático, lógico quantitativo, lógico numérico, lógico analítico, lógico crítico/Jonofon Sérates. 8ªEdição. Brasília: Editora JONOFON Ltda, 1998.

ROCHA, Enrique. Raciocínio Lógico: Você consegue aprender/Enrique Rocha. Rio de Janeiro: Elsevier, 2005.

LOCIKS, Júlio. Raciocínio Lógico e Matemático/Júlio Lociks. 8ª Edição. Brasília: VESTCON Editora Ltda, 2004.

PAES, Rui Santos. Raciocínio Lógico – Questões com gabaritos comentados/ Rui Santos Paes. 2ª Edição. Brasília: VESTCON Editora Ltda, 2004.

COPI, Irving Marmer. Introdução à Lógica/Irving Marmer Copi. 2ª Edição. São Paulo: Editora Mestre Jou, 1978.

GÓES, Hilder Bezerra. Matemática para concurso/Hilder Bezerra Góes e Ubaldo Teixeira Góes. 5ª Edição. Fortaleza, 1999.

CABRAL, Luiz Cláudio. Raciocínio Lógico e Matemático para Concurso/Luiz Cláudio Cabral e Mauro César Nunes. 4ª Edição. Rio de Janeiro: Editora Campus, 2007.

DA SILVA, Joselias S. Matemática para concursos públicos com teoria e 500 questões resolvidas e comentadas/Joselias S. da Silva. São Paulo: Editora Policon.

MORGADO, Augusto C. Raciocínio Lógico- Quantitativo/Augusto C. Morgado e Benjamin César. Rio de Janeiro: Editora Campus, 2006.

BERLOQUIN, Pierre. 100 Jogos Lógicos/Pierre Berloquin. 2ª Edição. Lisboa, Portugal: Editora Gradiva, 1999.

Coletânea de Questões da ANPAD 2007 e 2008.

Impressão e acabamento
Gráfica da Editora Ciência Moderna Ltda.
Tel: (21) 2201-6662